Anat Avitzur   Elsa Michaël

Université York
Collège universitaire Glendon

pause-café

Cahier d'exercices

méthode de français

MODULO

Nous reconnaissons l'aide financière du gouvernement du Canada par l'entremise du Programme d'Aide au Développement de l'Industrie de l'Édition (PADIÉ) pour nos activités d'édition.

Catalogage avant publication de Bibliothèque et Archives Canada

Avitzur, Anat,

  Pause-café. Cahier

  ISBN 2-89593-696-X

  1. Français (Langue) - Problèmes et exercices. I. Michaël, Elsa,   .
II. Titre.

PC2128.A94 2006 Suppl.   448.2'4   C2006-941281-2

Équipe de production

Éditeur : Sylvain Garneau
Chargée de projet : Renée Théorêt
Révision linguistique : Monelle Gélinas
Correction d'épreuves : Isabelle Canarelli, Monique Tanguay
Typographie : Nathalie Ménard
Maquette et couverture : Marguerite Gouin
Montage : Dominique Chabot, Marguerite Gouin, Nathalie Ménard
Recherche (textes et photos) **:** Claire Demers, Eva Ringuette

*Groupe Modulo est membre de
l'Association nationale des éditeurs de livres.*

Pause-café. Méthode de français, Cahier d'exercices
Groupe Modulo
5800, rue Saint-Denis, bureau 1102
Montréal (Québec) H2S 3L5
CANADA
Téléphone: (514) 738-9818 / 1 888 738-9818
Télécopieur: (514) 738-5838 / 1 888 273-5247
Site Internet: www.groupemodulo.com

Dépôt légal - Bibliothèque et Archives nationales du Québec, 2006
Bibliothèque nationale du Canada, 2006
ISBN-13: 978-2-89593-696-1

Imprimé au Canada

Table des matières

table des matières

Module

2 Nourriture, force, nature

Module 4 — Qui vivra verra

Aujourd'hui, les grands esprits se rencontrent

module 1

Je me présente

) APPRENEZ DE NOUVEAUX MOTS

1 Associez les questions aux réponses.

1. Salut, Vincent, ça va ?

2. Au revoir, à demain.

3. Merci beaucoup.

4. Comment tu t'appelles ?

5. Tu es étudiante ?

a) De rien.

b) C'est ça, à demain.

c) Ça va, et toi ?

d) Non, je suis professeur.

e) Marie Savard.

2 Associez les verbes aux professions.

1. jouer

2. chanter

3. diriger

4. réparer

5. dessiner

6. voyager

7. compter

a) directeur

b) dessinateur

c) violoniste

d) comptable

e) chanteur

f) garagiste

g) explorateur

3 Faites trois phrases avec les mots de l'exercice 2.

) *Le **garagiste répare** la voiture.*

) *Anne-Marie, une **violoniste**, **joue** un prélude de Chopin.*

1. _____

2. _____

3. _____

4 Trouvez le féminin des noms suivants.

1. un garçon

2. un homme

3. un directeur

4. un journaliste

5. un chanteur

5 Dites dans quel pays se trouvent les monuments avec les adjectifs suivants. Faites attention à l'accord.

● français	○ grec	○ américain	○ russe
○ italien	○ anglais	○ canadien	○ égyptien

1

Le Parthénon est

2

Le Kremlin est

3

L'Empire State

Building est

4

La tour Eiffel est

française.

5

La tour de Pise est

6

Le Tower Bridge est

7

Le Stade Olympique

est

8

La pyramide est

OBSERVEZ ET EMPLOYEZ LES STRUCTURES

1 LE VERBE ÊTRE AU PRÉSENT ET LE PRONOM SUJET

1.1 Mettez je, tu, il ou elle.

1. _Tu_ es étudiant ?
2. _Il_ est grec.
3. _Tu_ n'es pas américaine ?

4. _Je_ ne suis pas économiste.
5. _Elle_ n'est pas caissière.
6. _Je_ suis musicien.

1.2 Mettez nous, vous, ils ou elles.

1. Bonjour, _vous_ êtes le directeur du musée ?
2. Oui, _elles_ sont françaises.
3. _Nous_ sommes à Calgary.

4. _vous_ êtes russe ?
5. _Ils_ ne sont pas polonais.
6. _Elles_ sont informaticiennes.

2 LES VERBES EN ER AU PRÉSENT

2.1 Mettez je, j', tu, il ou elle.

1. _Tu_ invites les Dumas ?
2. _j'_ habite à Chicoutimi.
3. _Il_ travaille à la Banque de Paris.

4. Et toi, _tu_ t'appelles comment ?
5. _j'_ étudie à la bibliothèque.
6. _Elle_ demande une explication.

2.2 Mettez nous, vous, ils ou elles.

1. _Vous_ vous appelez comment ?
2. _Ils / Elles_ parlent portugais ou espagnol ?
3. _Nous_ ne visitons pas l'Angleterre.

4. _Ils / Elles_ ne regardent pas la télé.
5. _Nous_ adorons le chocolat.
6. _Vous_ travaillez à l'université.

2.3 Associez les sujets aux verbes. Il y a plusieurs possibilités.

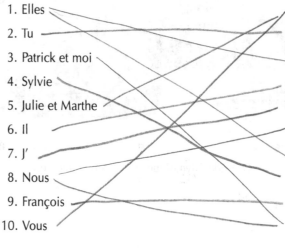

1. Elles
2. Tu
3. Patrick et moi
4. Sylvie
5. Julie et Marthe
6. Il
7. J'
8. Nous
9. François
10. Vous

a) écoutez l'opéra.
b) étudies le français.
c) aiment beaucoup les voyages.
d) montre les photos.
e) admire les tableaux de Picasso.
f) jouons au football.
g) détestent la montagne.
h) danse la salsa ?
i) utilise l'ordinateur.
j) parlons russe.

2.4 Conjuguez les verbes entre parenthèses.

1. Nous (être) _sommes_ comédiens.
2. Vous (travailler) _travaillez_ dans le cinéma.
3. J'(étudier) _étudie_ l'histoire.
4. Maria et Anne (visiter) _visitez_ le musée.
5. Le matin, je (pratiquer) _pratique_ un sport.
6. Ils (adorer) _adores_ le cinéma.
7. Tu (dîner) _dînes_ à 8 heures.
8. Mélanie (présenter) _présentes_ Hervé.

3 LA NÉGATION : NE... PAS

3.1 Conjuguez les verbes entre parenthèses et mettez la phrase à la forme négative.

1. Elles (ne pas être) _ne sont pas_ optimistes.
2. Il (ne pas admirer) _n'admire pas_ les statues grecques.
3. L'après-midi, les enfants (ne pas rester) _ne restent pas_ à la maison.
4. Les employés (ne pas accepter) _n'acceptent pas_ la proposition.
5. Les jeunes (ne pas refuser) _ne refusent pas_ de travailler le dimanche.
6. Je (ne pas jouer) _ne joue pas_ au tennis.

3.2 Répondez aux questions à la forme négative.

1. Bonjour, tu es belge ? _Non, je ne suis pas belge_
2. Tu parles français ? _Non, je ne parle pas français_
3. Tu écoutes de la musique classique ? _Oui, j'écoute de la musique classique_
4. Tu regardes la télé ? _Oui, je regarde la télé_
5. Tu aimes les livres ? _Non, je n'aime pas les livres_
6. Tu es très difficile. _Non, je ne suis pas difficile_

4 LES PRONOMS TONIQUES

4.1 Répondez aux questions en utilisant le pronom qui convient.

) *Vous habitez chez vos parents ?* Oui, j'habite chez **eux**.

1. Le week-end, vous restez chez vous ? _Oui, nous restons chez nous_
2. Marc est avec Marie ? _Oui, il est avec elle_
3. Marie habite chez Marc ? _Oui, elle habite chez lui_

4. Tu restes avec moi? Oui, je reste avec toi

5. Yves est avec vous? Oui, il est avec nous

6. Tu es avec Mélanie et Marion? Oui, je suis avec elles

4.2 Utilisez les pronoms toniques (moi, toi, etc.).

1. Eux , ils travaillent beaucoup.

2. Et Elle , comment elle s'appelle?

3. Moi , j'utilise beaucoup le téléphone portable. Et toi ?

4. Vous , vous êtes fatigué.

5. Toi , tu n'aimes pas les films américains.

6. Elles , elles adorent l'opéra.

5 LES ARTICLES INDÉFINIS ET DÉFINIS

5.1 Complétez les phrases avec l'article indéfini un, une ou des.

1. Je regarde un tableau.

2. Nous écoutons une chanson de Johnny.

3. Ils travaillent avec des Allemands et des Chinois.

4. Le lion est un animal dangereux.

5. Le directeur cherche des informaticiens bilingues.

6. Des enfants jouent avec un ballon.

5.2 Complétez les phrases avec l'article défini le, la, l' ou les.

1. Nous regardons le télévision.

2. Le ordinateur est dans la bibliothèque.

3. La Université internationale est grande et les étudiants sont sportifs.

4. Nous aimons le restaurant universitaire.

5. les journalistes voyagent beaucoup.

6. les cours de français est intéressant.

5.3 Complétez les phrases avec l'article indéfini ou défini qui convient.

1. Nous aimons le théâtre français.

2. Vous étudiez la psychologie?

3. Marie-Rose travaille dans un restaurant japonais.

4. Elle étudie pour le test de français.

5. Les livres sont dans la bibliothèque.

6. J'écoute ___le___ professeur.

7. Tu poses ___un___ question difficile.

8. Isabelle Adjani est ___des___ actrice française.

6 L'INTERROGATION

6.1 Écrivez les questions.

1. _Comment tu t'appelles_ ? Je m'appelle Anna Pantani.

2. _Tu es mariée_ ? Non, je suis célibataire.

3. _Tu es étudiente en l'universate_ ? Non, je suis informaticienne.

4. _Tu habité à Paris_ ? Oui, j'habite à Paris.

7 EXERCICES VARIÉS

7.1 Reliez les éléments suivants pour faire des phrases. Il y a plusieurs possibilités. Faites attention au féminin et au masculin.

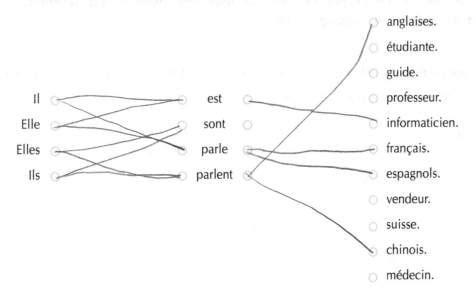

anglaises.
étudiante.
guide.
professeur.
informaticien.
français.
espagnols.
vendeur.
suisse.
chinois.
médecin.

Il
Elle
Elles
Ils

est
sont
parle
parlent

7.2 Chassez l'intrus.

1. Elle | est | (es) | brésilienne.

2. Elle | trava(llons) | étudie | à | l'université.

3. Tu | habites | a(mez) | à Moncton.

4. Ils | re(garde) | visitent | le | campus.

5. Nous | s'ap(pelle) | appelons | Sophie et Céline.

6. Vous | re(garde) | écoutez | la | radio.

7.3 Conjuguez les verbes entre parenthèses au présent.

Mon amie Sophie (chercher) *cherche* (1) une chambre. Moi, je suis très content, j'(habiter) *habite* (2) chez mes parents. Le soir, je (regarder) *regarde* (3) un peu la télévision, je (naviguer) *navigue* (4) sur Internet et j'(écouter) *écoute* (5) RFI (Radio France Internationale). J'(adorer) *adore* (6) les nouvelles internationales. Le soir, je (téléphoner) *téléphone* (7) à mes amis et nous (parler) *parlons* (8) des heures et des heures. Le week-end, je (visiter) *visite* (9) les musées ou je (réviser) *révise* (10) mes leçons.

7.4 Mettez les accents é, à, è ou ê.

1. Il est étudiant.

2. Vous êtes americains, mais vous habitez à Toronto.

3. Votre prenom, votre nationalité?

4. Quel est votre numero de téléphone?

5. La bibliotheque est a l'université.

7.5 Mettez le paragraphe suivant à la deuxième personne du singulier. Faites attention aux changements.

Moi, je m'appelle Marie. Je suis sénégalaise, mais j'habite au Canada. Je suis mariée et j'étudie à l'université. Je ne parle pas anglais.

Toi, tu *t'appelle Marie. Tu es sénégalaise, mais tu habite au Canada. Tu es mariée et tu etudie à l'université. Tu ne parles pas anglais*

) RÉDIGEZ

1 Lisez le texte et complétez la fiche d'identité.

Je m'appelle Patrick Dumont. Je suis suisse. Je suis divorcé. Je suis pharmacien. J'habite à Lausanne, en Suisse.

Nom: *Dumont*   Prénom: *Patrick*

Nationalité: *Suisse*

Profession: *pharmacien*

Ville: *Lausanne*

2 **Lisez la fiche d'identité suivante et présentez Sabine Roger.**

Nom : *Roger*   Prénom : *Sabine*

Nationalité : *française*

Profession : *professeur*

Ville : *Bordeaux*

3 **Vous vous inscrivez à un club de gymnastique. Complétez le dialogue.**

Le moniteur : Bonjour.

Vous : Bonjour

Le moniteur : Vous êtes nouveau dans le club ?

Vous : Oui, je suis nouveau dans le club.

Le moniteur : Vous aimez l'aérobic ?

Vous : Oui, j'aime l'aérobic

Le moniteur : Comment vous vous appelez ?

Vous : Je m'appelle Clara Hong

Le moniteur : Oh là là ! Répétez votre prénom, s'il vous plaît.

Vous : Clara

Le moniteur : Bienvenue à notre club.

) PRONONCEZ

piste 1 **1 Écoutez les phrases et barrez les lettres qui ne se prononcent pas.**

1. Comment vous vous appelez ?

2. Tu étudies le français.

3. Il est avocat.

4. Ils visitent le musée.

5. Je suis avec mon amie.

6. J'habite à Paris.

7. Vous regardez la ville.

8. Bonjour monsieur !

piste 2 **2 Écoutez et répétez. Il faut faire la liaison (‿).**

1. Vous‿êtes français ?

2. Vous‿habitez ici ?

3. J'aime les‿animaux.

4. Ils‿habitent au centre-ville.

5. Ils travaillent dans‿une banque.

piste 3   **3. Indiquez si vous entendez un ou une.**

	1	2	3	4	5	6	7	8	9	10	11	12	13	14	15	16	17	18
un																		
une																		

piste 4   **4. LES HOMOPHONES Écoutez les phrases et écrivez et, es, est ou é.**

Éric est électricien _____ Évelyne _____ étudiante. Il est _____ gyptien et elle _____ brésilienne. Électricien et _____ tudiante. Égyptien et br _____ silienne. Il est _____ elle est. Et toi ? Tu es _____ tudiant ? Tu _____ américain ou algérien ?

Visite du
campus

) APPRENEZ DE NOUVEAUX MOTS

1 Complétez les phrases avec le vocabulaire des matières.

) *Tu es ingénieur.*   *Tu étudies **la mécanique**.*

1. Il est avocat. Il étudie   *le droit*

2. Patricia est traductrice. Elle étudie   *les langues*

3. Julien est médecin. Il étudie   *le médicine*

4. M. Benoît est critique littéraire. Il étudie   *la littérature*

5. Nous sommes informaticiens. Nous étudions   *l'informatique*

6. Vous êtes pianiste. Vous étudiez   *la musique*

2 Écrivez en lettres les nombres entre parenthèses.

1. Un fonctionnaire français travaille (35)   *Trente-cinq*   heures par semaine.

2. Un comptable canadien travaille (8)   *huit*   heures par jour.

3. Un homme d'affaires américain travaille (55)   *cinquante-cinq*   heures par semaine.

4. Un chauffeur de camion japonais travaille (12)   *douze*   heures par jour.

5. Une infirmière suisse travaille (3)   *trois*   jours par semaine.

6. Les magasins américains sont ouverts (24)   *vingt-quatre*   heures par jour.

7. La police travaille (7)   *sept*   jours sur (7)   *sept*   .

8. Il y a (31)   *trente et un*   jours dans le mois de juillet.

9. Il y a (60)   *soixante*   minutes dans une heure.

10. Il y a (26)   *vingt six*   lettres dans l'alphabet français.

3 Chassez l'intrus.

1. le parc | le jardin | le musée | les arbres

2. la ville | la poste | la campagne | le village

3. l'école | l'université | le collège | la pharmacie

4. le magasin | le supermarché | la boutique | le restaurant

5. la rue | la route | l'avenue | le pont

6. le cinéma | le camion | la littérature | le théâtre

4 Où trouve-t-on les objets suivants ? Choisissez votre réponse dans la liste.

● un bureau	✓ une chambre	✓ une bibliothèque	○ une université
✓ un jardin	✓ un musée	○ un salon	✓ une cuisine

) des chaises   **dans un bureau**   4. une télévision   dans un musée

1. un four   dans une cuisine   5. des tableaux   dans un salon

2. un lit   dans une chambre   6. des livres   dans une bibliothèque

3. des plantes   dans un jardin   7. des laboratoires   dans une université

5 Écrivez le mois et la date, et lisez votre réponse à un étudiant.

) *Le festival commence le 10/09.*   *Le festival commence le **dix septembre**.*

1. Le directeur arrive le 25/08.   Le directeur arrive le vingt-cinq août

2. L'anniversaire de Christine est le 31/07.   L'anniversaire de Christine est le trente et un juillet

3. Nous sommes le 18/06.   Nous sommes le dix huit juin

4. Le colloque débute le 17/05.   Le colloque débute le dixsept mai

5. Le 21/12, déjà l'hiver ! Oh là là !   Le vingt et un, déjà l'hiver ! Oh là là !

6 Associez les éléments de la colonne A et de la colonne B.

A	B
1. Elle préfère	a) un bureau de poste ici.
2. Vous n'aimez pas	b) des disques rares ici.
3. Il adore	c) Internet.
4. J'ai	d) un ami suisse.
5. Il y a	e) l'été.
6. Nous ne détestons pas	f) le printemps.

) OBSERVEZ ET EMPLOYEZ LES STRUCTURES

1 LE VERBE AVOIR AU PRÉSENT

1.1 Complétez les phrases avec le verbe avoir.

1. Nous _sommes_ soif.

2. Tu _as_ 19 ans?

3. Nathalie _a_ raison, nous _sommes_ un test mardi.

4. Ils n' _as_ pas tort.

5. Éric _as_ un billet pour Londres.

6. Vous n' _avez_ pas le livre de français?

7. J' _ai_ faim.

8. Brigitte et Monique _ont_ 25 ans.

1.2 Complétez les phrases avec le verbe avoir ou être.

) *Le professeur* **est** *absent.*

1. Martin _est_ français.

2. La petite fille _a_ 5 ans.

3. Ils _ont_ faim.

4. Elle _a_ une pièce d'identité.

5. J' _ai_ froid.

6. Tu _es_ grand.

7. Nous _sommes_ à Nice.

8. Vous _êtes_ architecte.

1.3 Complétez les phrases avec le verbe être ou avoir selon le cas.

Bonjour, je _suis_ (1) chimiste, je _suis_ (2) russe. J' _ai_ (3) 20 ans. J'habite avec mes parents. J' _ai_ (4) une sœur. Elle s'appelle Maria. Elle _a_ (5) 18 ans. Elle et moi, nous _sommes_ (6) les mêmes amis. Nous adorons le français et tous nos amis _avons_ (7) francophones. Ils _sont_ (8) belges, algériens et canadiens. Et vous? Vous _avez_ (9) des amis francophones? Ils _sont_ (10) de quelle nationalité?

2 L'ARTICLE INDÉFINI APRÈS LA NÉGATION

2.1 Répondez aux questions suivantes à la forme négative.

1. Christophe a un garçon? _Non, Christophe n'a pas un garçon_

2. Vous avez un téléphone portable? _Non, vous n'avez pas un téléphone portable_

3. Le groupe Il Divo chante des chansons en français? _Non, il ne chante pas des chansons en français_

4. Tu as une photo de Zidane ? *Non, tu n'as pas une photo de Zidane*

5. Elle rencontre des amis ? *Non, elle ne recontre pas des amis ?*

6. Ils visitent une ville intéressante ? *Non, Ils ne visitent pas une vill intéressante*

2.2 Complétez les phrases avec un, une, des, de ou d'.

1. J'ai *un* frère et *une* sœur, ce sont *des* jumeaux.

2. Il n'a pas *de* amis français.

3. Tu as *un* téléphone portable ?

4. Ce n'est pas *une* gomme à effacer.

5. Est-ce qu'il y a *des* toilettes ?

6. Aujourd'hui, le professeur ne donne pas *de* devoirs.

7. Il y a *des* étudiants dans la classe.

8. Ce sont *des* films intéressants.

9. Tu as *des* vacances en hiver ? Non, je n'ai pas *de* vacances entre le mois de septembre et le mois de mai.

10. C'est *un* directeur de la Banque mondiale.

3 LE PRONOM ON

3.1 Faites des phrases avec on. Conjuguez les verbes.

En Chine, (préférer) **on préfère** *le riz.*

1. En France, (parler) *on parle* français.

2. En Russie, (manger) *on mange* du caviar.

3. Aux États-Unis, (jouer) *on joue* au basket-ball.

4. Au Canada, (aimer) *on amie* le hockey.

5. Au Japon, (adorer) *on adore* le sumo.

6. En général, (ne pas travailler) *on ne travaille pas* le week-end.

4 L'INTERROGATION AVEC EST-CE QUE

4.1 Posez les questions correspondant aux réponses suivantes.

1. *Est-ce que vous êtes étudiants ?*

Non, nous ne sommes pas étudiants.

2. Est-ce que vous aimez lire le week-end

Oui, j'aime lire le week-end.

3. Est-ce que vous habitez aves votre parents

Non, je n'habite pas avec mes parents.

4. Est-ce que vous travaillez ?

Non, je ne travaille pas.

5. Est-ce que vous écoutez les chansons de Luc Plamondon

Oui, j'aime écouter les chansons de Luc Plamondon.

6. Est-ce que vous parlez français ?

Oui, nous parlons français.

7. Qui est-ce

C'est Philippe Leclerc. C'est l'ami de Martine.

8. Est-ce qu'ils posent de questions

Non, ils ne posent pas de questions.

9. Qu'est-ce que c'est?

C'est la galerie d'art.

5 LE PRÉSENTATIF IL Y A

5.1 Écrivez des phrases avec il y a. Mettez les mots dans le bon ordre.

) chercheurs ▌ célèbres ▌ dans notre université ▌ **Il y a des chercheurs célèbres dans notre université.**

1. de première ▌ des étudiants ▌ dans la bibliothèque ▌ année ▌

Il y a des étudiants de première année dans la bibliothèque

2. exotiques ▌ dans le jardin ▌ des arbres ▌

Il y a exotique des arbres dans le jardin

3. rares ▌ du directeur ▌ des livres ▌ dans le bureau ▌

Il y a des livres rares dans le bureau rares

4. avec ▌ une maison ▌ un grand jardin ▌

Il y a un grand jardin avec une maison

5. de sécurité ▌ un agent ▌ à la porte ▌

Il y a un agent de sécurité à la porte

6 DES VERBES POUR EXPRIMER SES GOÛTS

6.1 Faites des phrases en utilisant les éléments des trois colonnes et en conjuguant les verbes.

○ Je/J'	○ aimer	○ regarder la télévision
○ Vous	○ adorer	○ étudier
○ Les enfants	○ détester	○ les examens
○ Les professeurs	○ préférer	○ lire
○ Marion		○ la belle Athéna
○ Les étudiants		○ le chocolat
		○ le ski
		○ le week-end

1. J'aime regarder la television .
2. Vous adorez le week-end .
3. Les étudiants détestent les examens .
4. Marion adores lire .
5. Les enfants adorent le chocolat .
6. Je préfére la belle Athéna .
7. Les professeurs aiment les examens .
8. Vous aimez regarder la television .

7 LES VERBES PRÉFÉRER ET ACHETER AU PRÉSENT

7.1 Conjuguez les verbes entre parenthèses au présent.

1. J'(acheter) achète un dictionnaire bilingue.

2. Je (préférer) préfère les pommes rouges.

3. Nous (nager) nageons dans un lac.

4. L'étudiant (répéter) répète la question.

5. Nous (commencer) commençons le cours à 9 heures du matin.

6. C'est très bien. Tu (prononcer) prononces clairement.

7. Nous (corriger) corrigeons les fautes de grammaire.

8. Nous (ranger) rangeons la salle.

8 LES PRÉSENTATIFS

8.1 Complétez les phrases avec c'est, il est, ce n'est ou il n'est.

1. C'est Pierre Bravo.

2. C'est un Belge. il n'est pas français.

3. _C'est_ un étudiant étranger.

4. _Ce n'est_ pas français, _il est_ suisse.

5. _C'est_ l'ami de Vincent. _Il est_ brésilien.

6. _C'est_ la bibliothèque nationale.

7. _Il est_ québécois.

8. _C'est_ un vin français.

9. _Ce n'est_ pas un chat, _C'est_ un chien.

10. _C'est_ une amie : elle est journaliste.

8.2 Mettez les phrases à la forme négative.

1. C'est un étudiant intelligent. _Ce n'est pas un étudiant intelligent_

2. Elle est informaticienne. _Elle n'est pas informaticienne_

3. C'est un tableau de Picasso. _Ce n'est pas un tableau de Picasso_

4. Ils sont professeurs d'anglais. _Ils ne sont pas professeurs d'anglais_

5. Il est à Paris. _Il n'est pas à Paris_

6. C'est un travail difficile. _Ce n'est pas un travail difficile_

7. Ce sont des exercices de français. _Ce ne sont pas des exercices de français_

9 QUI EST-CE ? QU'EST-CE QUE C'EST ?

9.1 Complétez les phrases avec Qu'est-ce que c'est ? ou Qui est-ce ? et ajoutez l'article qui convient.

1. _Qui est-ce_ ? C'est Marion. C'est _une_ étudiante en sciences de l'environnement.

2. _Qu'est-ce que c'est_ ? C'est _un_ disque. C'est _le_ disque de Marc.

3. _Qu'est-ce que c'est_ ? C'est Lyon. C'est _une_ ville française.

4. _Qui est-ce_ ? C'est Albert Jacquard. C'est _une_ scientifique français.

5. _Qu'est-ce que c'est_ ? C'est _une_ rue. C'est _la_ rue Sainte-Catherine.

10 L'OPPOSITION AVEC MAIS

10.1 Écrivez des phrases en utilisant les éléments suivants. Attention à la forme du verbe.

1. télévision ▮ aimer ▮ mais ▮ préférer ▮ cinéma ▮ le ▮ la ▮ je ▮ j'
   J'aime la télévision mais je préfère le cinéma

2. le ▮ week-end ▮ semaine ▮ mais ▮ nous ▮ travailler ▮ étudier ▮ nous ▮ la
   La semaine, nous étudions mais nous travaillons le week-end

3. pas | manger | elle | avoir | mais | ne | faim | elle

Elle manges mais elle n'as pas faim

4. vous | vous | mathématiques | les | les | langues | préférer | étudier | mais

Vous préférez les langues mais vous étudiez mathématiques

5. Marion | Tia | les | contemporaines | statues | Athéna | aimer | préférer | mais

Marion aimes Athéna mais Tia préfère les contemporains statues.

11 EXERCICES VARIÉS

11.1 Mettez les verbes entre parenthèses au présent.

1. Je ne (trouver) _trouve_ pas la réponse.

2. Les enfants (demander) _demandent_ la permission de regarder la télé.

3. Nous (souligner) _soulignons_ les verbes en rouge.

4. Vous (compléter) _complétez_ la phrase par le verbe approprié.

5. Elle (poser) _pose_ une question au professeur.

6. Vous (associer) _associez_ les exercices A et B.

7. Sébastien (décider) _décide_ d'étudier le français.

8. Les politiciens (discuter) _discutent_ sérieusement.

9. Les girafes (préférer) _préfèrent_ le climat chaud.

10. Le mari (donner) _donnent_ des fleurs à sa femme.

11. Les professeurs (corriger) _corrigent_ les examens.

12. Tu (compléter) _complétes_ les phrases avec l'infinitif.

13. Tu (transformer) _transformes_ les phrases selon le modèle.

14. Nous (relier) _relions_ les mots pour faire des phrases.

11.2 Commencez les phrases avec le pronom qui convient.

1. _Nous_ commençons le travail.

2. _Il/Elle_ est suédois.

3. _Vous_ invitez des amis.

4. _Tu_ adores les livres.

5. _Je_ préfère le ski.

6. _Ils/Elles_ détestent les sciences.

7. _Je_ célèbre la fête des Mères.

8. _J'_ aime la baguette en Europe.

11.3 Complétez les phrases avec le mot qui convient.

1. Maman, je te présente Camille. C'est _mon_ amie.

2. Bonjour mademoiselle. Vous _êtes_ française?

3. Non, je _suis_ canadienne.

4. _Quelle_ est votre profession ?

5. Je _suis_ dans une école.

6. Ah ! vous _êtes_ professeur. Vous _avez_ quel âge ?

7. Maman, tu _es_ bien curieuse !

8. C'est vrai, je _pose_ beaucoup de questions.

11.4 Mettez les phrases suivantes au pluriel.

1. Je regarde un programme de télévision. _Nous regardons des programmes de télévision_

2. Le livre est très intéressant. _Les livres sont très intéressants_

3. Le professeur explique bien. _Les professeurs expliquent bien_

4. Le tableau de Picasso est magnifique. _Les tablaux de Picasso sont magnifique_

5. Tu parles beaucoup en classe. _Vous parlez beaucoup en classe._

6. L'université organise une conférence internationale. _Les universités organisent des conférences internationale_

11.5 Complétez les phrases avec un, une, des, de ou d'.

À l'université, il y a _des_ (1) cours cinq jours par semaine. Il n'y a pas _de_ (2) cours le samedi et le dimanche.

Au laboratoire, il y a _des_ (3) ordinateurs, _une_ (4) horloge, _un_ (5) bureau pour le professeur et _des_ (6) chaises. Il n'y a pas _de_ (7) fenêtres, mais il y a _des_ (8) lampes.

À la bibliothèque, il y a _une_ (9) bibliothécaire, _des_ (10) étudiants, _des_ (11) livres et _des_ (12) étagères.

) RÉDIGEZ

1 Composez des phrases complètes. Ajoutez les mots manquants.

) film ǀ voici ǀ intéressant ǀ un **Voici un film intéressant.**

1. Il n'y a pas ǀ café ǀ réfrigérateur _Il n'y a pas de café dans le réfrigérateur_

2. 18 ans ǀ Paul ǀ aujourd'hui _Paul a 18 ans aujourd'hui_

3. Préférer ǀ musique ǀ classique ǀ nous _nous préférons la musique classique_

4. Professeur ǀ malade ǀ aujourd'hui _Le professeur est malade aujourd'hui_

5. avoir | 22 ans | Jeanne   *Jeanne as 22 ans*

6. Marc | avocat   *Marc est avocat*

7. Amis | Pierre et Maria   *Pierre et Maria sont amis*

8. Elle | froid   *Elle est froid*

2 **Sur ce modèle, écrivez un petit texte. Remplacez garçon par fille. Changez les mots en gras, les pronoms personnels sujets et les articles si nécessaire.**

> C'est un jeune **garçon**. Il est **petit** et **gros**. Il a **22 ans**. Il aime **le sport** et **les maths**. Il porte souvent des jeans. Il déteste **la pluie**, mais il adore **le soleil**. Il a beaucoup d'amis. Il aime raconter des histoires **drôles**. Il aime la vie.
>
> Il habite à 25 km de **Paris**, dans **une petite banlieue**. Il parle trois langues: le français, **l'allemand** et **le russe**. Il adore **la littérature russe**: **Tourgueniev**, **Pouchkine**, **Dostoïevski**. Le week-end, il travaille dans un magasin. Il est **caissier**. Il arrive toujours en retard.

C'est une jeune fille Elle est grande et mince. Elle a 22 ans. Elle aime le ski et la lecture. Elle déteste le soleil, mais elle adore la pluie. Elle a beaucoup d'amis. Elle aime raconter des histoires triste. Elle aime la vie.

Elle habite à 25km de Toronto, dans une grande village. Elle parle trois langues: le français, le chinois et l'anglais. Elle adore le film: The other women, frozen, et no strings attached. Le weekend, elle travaille dans un magasin. Elle est vendeuse. Elle arrive toujours en retard.

3 **En petits groupes, composez un dialogue de six ou sept lignes. Utilisez une ou deux expressions avec avoir dans votre dialogue.**

) PRONONCEZ

piste 5 **1 Écoutez les phrases et barrez les lettres t, s et d qui ne se prononcent pas.**

1. Nous aimons l'art classique et l'art moderne.

2. L'environnement est un sujet d'actualité.

3. L'actrice habite dans un appartement très grand, mais très sombre.

4. Il y a un bon restaurant dans l'hôtel.

5. Le café et le chocolat chaud sont gratuits.

piste 6 **2 Écoutez et répétez.**

1. Ils ont onze ballons ronds.

2. Un vin canadien

3. Vingt Américains arrivent demain.

4. De trente à quarante enfants dansent ensemble.

5. C'est quand ? En janvier ou en novembre ?

6. Jean adore le printemps.

7. Yvon et Jean sont des musiciens canadiens.

piste 7 **3 Les nombres de 0 à 60. Écoutez et répétez.**

LES NOMBRES DE 0 À 60			
0 zéro			
1 un	11 onze	21 vingt et un	41 quarante et un
2 deux	12 douze	22 vingt-deux	42 quarante-deux
3 trois	13 treize	23 vingt-trois	43 quarante-trois
4 quatre	14 quatorze	…	…
5 cinq	15 quinze	30 trente	50 cinquante
6 six	16 seize	31 trente et un	51 cinquante et un
7 sept	17 dix-sept	32 trente-deux	52 cinquante-deux
8 huit	18 dix-huit	33 trente-trois	53 cinquante-trois
9 neuf	19 dix-neuf	…	…
10 dix	20 vingt	40 quarante	60 soixante

piste 8 **4 LES HOMOPHONES Écoutez les phrases et écrivez on, ont ou sont.**

1. Ils _ont_ deux enfants.

2. _On_ a deux enfants.

3. _On_ n'a pas de dictionnaire.

4. Ils n' _ont_ pas froid.

5. Ils _sont_ en retard.

6. _On_ reste ici ?

7. Ils _ont_ rendez-vous.

8. _On_ a faim.

9. Ils _ont_ un grand jardin.

10. Ils _sont_ contents.

C'est parti !

APPRENEZ DE NOUVEAUX MOTS

1 Remettez les phrases suivantes dans un ordre logique.

Une mauvaise journée

1. Il prend son petit-déjeuner.

2. Et il arrive au travail en retard.

3. En sautant du lit, il s'habille très vite.

4. Jean-Pierre se réveille de mauvaise humeur.

5. Il se brosse les dents.

a) 4   b) 3   c) 1   d) 5   e) 2

2 Écrivez les chiffres en lettres.

1. J'habite au 2ᵉ _deuxième_ étage.

2. Il y a environ 60 000 000 _soixante millions_ d'habitants en France.

3. Il y a 365 _trois cent soixante -cinq_ jours dans une année.

4. Nous travaillons 40 _quarante_ heures par semaine.

5. Nous sommes en quelle année? Nous sommes en _deux mille quinze_.

3 Répondez aux questions en utilisant en général, d'habitude ou normalement.

〉 *Tu regardes la télévision le matin ou le soir?* **En général**, *je regarde la télévision le soir.*

1. Vous écoutez les messages de votre répondeur dans la journée ou le soir? _D'habitude,_
je écoute les messages de mon repondeur dans le soir

2. Vous achetez le journal le matin ou le soir? *En general nous acheteons le journal le matin*

3. Tu dînes en famille ou seule? *Normalement, je dînes en famille*

4. Quand tu rentres le soir, tu écoutes la radio? *En general, je écoute la radio dans le matinée*

5. Le week-end, vous vous levez tôt ou tard? *Le week-end, nous nous leveons tôt*

4 Chassez l'intrus.

1. faire le ménage ┃ faire les courses ┃ faire la vaisselle ┃ faire beau

2. Côte-d'Ivoire ┃ Belgique ┃ Mexique ┃ Suisse

3. beau ┃ mince ┃ parfait ┃ gros

4. 21 ┃ 81 ┃ 71 ┃ 51

5. se laver ┃ se raser ┃ habiter ┃ s'habiller

5 Associez les verbes avec les noms. Il y a plusieurs possibilités.

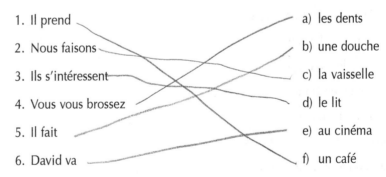

1. Il prend
2. Nous faisons
3. Ils s'intéressent
4. Vous vous brossez
5. Il fait
6. David va

a) les dents
b) une douche
c) la vaisselle
d) le lit
e) au cinéma
f) un café

6 Faites correspondre l'art avec la profession.

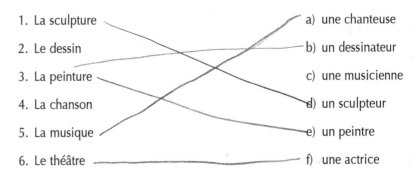

1. La sculpture
2. Le dessin
3. La peinture
4. La chanson
5. La musique
6. Le théâtre

a) une chanteuse
b) un dessinateur
c) une musicienne
d) un sculpteur
e) un peintre
f) une actrice

module 1 | unité 3

)OBSERVEZ ET EMPLOYEZ LES STRUCTURES

■ LES VERBES CONNAÎTRE, SAVOIR, FAIRE AU PRÉSENT

1.1 Choisissez le sujet. Il y a plusieurs possibilités.

| ○ Valérie | ○ Le professeur | ○ Tu | ○ Nous | ○ Vous | ○ Elles |

1. _Elles_ vont à la poste.
2. _Elles_ regardent la télé le week-end.
3. _Valérie_ achète les journaux.
4. _Valérie_ est professeur de français.
5. _Tu_ sais répondre à la question?
6. _Nous_ ne connaissons pas la musique.
7. _Vous_ faites la cuisine?
8. _Elles_ s'intéressent à l'opéra italien.
9. _Valérie_ connaît une histoire drôle.
10. _Nous_ avons un chien noir.

1.2 Complétez les verbes avec les terminaisons qui conviennent.

1. Les étudiants sav_ent_ conjuguer les verbes au présent.
2. Vous connai_ssez_ le restaurant Chez Léger?
3. Nous ne voyag_eons_ pas en bateau.
4. En général, il préf_ère_ le vin rouge.
5. Tu étud_ies_ en Italie ou en France?
6. Elles travaill_ent_ dans une banque.
7. Tu vien_s_ d'où?
8. Vous fai_tes_ du ski en février ou en mars?
9. Nous ne chang_eons_ pas le programme.
10. Ils conn_aissent_ le résultat.

1.3 Reformulez ces phrases au pluriel.

1. Je sais parler trois langues. _nous savons parler trois langues_
2. Tu te douches le matin ou le soir? _vous vous douchez le main ou le soir?_
3. Il vient d'où? _Ils viennent d'où?_
4. Elle se lève à 7 h. _Elles se lèvent à 7h._

5. Le bébé va bien? *les bébés vont bien?*

6. Le samedi, je mange au restaurant. *Le samedi, nous mangeons au restaurant*

7. Tu t'appelles comment? *Vous vous appellez comment?*

8. Elle préfère le café. *Elles préfèrent le cafe*

9. Je lance la balle. *Nous lanceons la balle*

10. Il achète des fleurs. *Ils achètent des fleurs*

1.4 Complétez les phrases suivantes avec les verbes connaître ou savoir.

1. Nous _____ *Savons* _____ parler anglais, français et espagnol.

2. Je _____ *connais* _____ très bien la Côte-d'Ivoire.

3. Vous _____ *connaissez* _____ la Sorbonne? Oui, bien sûr. C'est à Paris.

4. Tu _____ *connais* _____ le numéro de téléphone de Patrick?

5. Margot _____ *sait* _____ sculpter. C'est sa passion.

6. Mélissa et Liliane _____ *connaissent* _____ bien les musées d'Europe. Elles sont étudiantes aux beaux-arts.

7. Éric et Philippe _____ *savent* _____ très bien skier. Ils sont suisses.

1.5 Mettez le verbe faire au présent.

1. Qu'est-ce que vous _____ *faites* _____ demain?

2. Tu _____ *fais* _____ le ménage samedi ou dimanche?

3. Elles _____ *font* _____ de la natation une fois par semaine.

4. L'après-midi, je _____ *fais* _____ mon devoir de français.

5. Dimanche, les enfants _____ *font* _____ la grasse matinée.

6. Brrr! Il _____ *fait* _____ froid.

2 LES VERBES PRONOMINAUX SE LAVER, SE LEVER AU PRÉSENT

2.1 Trouvez les verbes pronominaux appropriés.

1. On utilise une brosse à dents pour *se brosser les dents*

2. Synonyme de «elle prend une douche»: *se douche*

3. Elle achète des produits de maquillage pour *se maquiller*

4. J'utilise le parfum *J'adore* de Dior pour *me parfumer*

5. Le contraire de «se coucher»: *se lever*

C'EST PARTI!

2.2 Complétez les phrases en conjuguant le verbe pronominal entre parenthèses.

Je (se lever) _me lève_ (1) très tôt le matin. Je (s'habiller) _m'habille_ (2), je réveille les enfants et je prépare le petit-déjeuner. Pendant ce temps, mon mari (se doucher) _se douche_ (3), (se raser) _se rase_ (4) et les enfants (se préparer) _se prépare_ (5) pour l'école. Nous déjeunons ensemble et les enfants (se promener) _se promenent_ (6) avec le chien quelques minutes.

Le soir, nous (se retrouver) _nous retrouveons_ (7) à la maison. Sylviane (s'exercer) _s'exerce_ (8) au piano, Yves (s'entraîner) _s'entraine_ (9) au yoga et Jonathan (s'occuper) _s'occupe_ (10) du chien.

LE VERBE ALLER AU PRÉSENT

3.1 Mettez le verbe aller au présent.

1. Vous _allez_ au cinéma?
2. Stéphanie _va_ à la bibliothèque le week-end.
3. Les Dubois _vont_ aux Bahamas.
4. Nous _allons_ au Musée des beaux-arts.
5. Je suis malade. Je _vais_ chez le docteur.
6. Tu _vas_ à Cuba?

3.2 Faites des phrases avec les mots suivants en employant à la, au, aux ou chez le.

) aller | tu | cafétéria _Tu **vas à la** cafétéria._

1. aller | nous | concert _nous allons au concert_
2. aller | les étudiants | match de football _les etudiants vont au match de football_
3. aller | Marc | cours de sciences politiques _Marc va aux cours de sciences politiques_
4. aller | M. et Mme Lévesque | Salon du livre _M. et Mme Lévesque vont au salon du livre_
5. aller | Marion | coiffeur _Marion va à la coiffeur_
6. aller | Tia | gare _Tia va à la gare_

3.3 Complétez les phrases avec en ou à.

1. Vous allez chez Nathalie _en_ voiture?
2. Tu vas aux cours _à_ pied ou _à_ métro?
3. À Venise, on se déplace beaucoup _en_ gondole.

4. Les enfants vont à l'école *en* bicyclette ou *en* bus ?

5. Le voyage *à* train de Paris à Genève est agréable.

3.4 Faites des phrases selon le modèle.

⟩ *Geneviève | aller | Mexique* *Geneviève **va au** Mexique.*

1. Ils | être | Chine *Ils sont à la Chine*

2. Je | étudier | New York *Je étudie à la New York*

3. Nous | rentrer | Europe *Nous rentrons au Europe*

4. Tu | aimer | aller | Paris *Tu aime aller au Paris.*

5. Elle | voyager | Brésil *Elle voyage aux Bresil*

6. Vous | venir | Portugal *Vous venir Portugal*

3.5 Complétez les phrases avec au, à la, à l', aux ou chez.

1. Nous allons *au* cinéma le mardi, c'est moins cher.

2. Je cherche un bon film *à l'* affiche.

3. Caroline et Vincent se marient *aux* mairie.

4. En été, j'habite *chez* des amis.

5. Ils vont en vacances *à la* Philippines.

4 LE VERBE VENIR AU PRÉSENT *THURS.*

4.1 Conjuguez le verbe venir.

1. Marion *vient* de la bibliothèque.

2. Nous *venons* de Marseille.

3. Patricia et Julie *viennent* de la maison.

4. Vous *venez* du bureau ?

5. Tu *viens* au cinéma ?

6. Je *viens* de la cafétéria.

4.2 Faites des phrases selon le modèle.

⟩ *Athéna | venir | Grèce* *Athéna vient de Grèce.*

1. Je | arriver | travail *J'arrive du travail*

2. Nous | être | Bamako *Nous sommes à Bamako*

3. Elles | venir | centre-ville *Elles vient du centre-ville*

4. Mélanie | rentrer | bibliothèque *Mélanie rentre de la bibliothèque*

5. Vous | parler | exposition *Vous parlez de l'exposition*

6. Tu | venir | Pays-Bas *Tu viens des Pays-Bas*

7. Vous | arriver | université *Vous arrivez à l'université*

8. Il | venir | piscine *Il viens de la piscine*

4.3 Conjuguez le verbe venir et ajoutez de, d', des ou du.

1. Ils *viennent du* Japon.

2. Nous *venons d'* Athènes.

3. Tu *viens de* Pologne.

4. Elle *viens dés* États-Unis.

5. Vous *venez d'* Israël?

6. Je *viens des* Pays-Bas.

5 L'ADVERBE

5.1 Complétez le texte suivant avec l'adverbe qui convient.

| beaucoup | parfois | trop | souvent | peu | rarement |

J'ai *beaucoup* (1) de cours ce semestre. J'étudie *trop* (2) et je dors *peu* (3). J'ai *parfois* (4) du temps libre et je vais *souvent* (5) à la bibliothèque. Je vais *rarement* (6) au cinéma avec des amis.

6 L'INTERROGATION

6.1 Trouvez les questions.

1. *Combien font vingt fois trois* ?

Vingt multiplié par trois font soixante.

2. *Qu est-ce que c'est* ?

C'est une caméra japonaise. Elle est très pratique.

3. *Où est-ce que vous allez* ?

Nous allons à la bibliothèque pour étudier.

4. *Il travaille ou?* ?

Il travaille à l'Organisation des Nations Unies.

6.2 Lisez le texte suivant et écrivez les questions correspondant aux mots en gras.

Delphine et Frédéric vont à **Abidjan**. Ils visitent **les marchés et surtout les rues de la ville**. C'est une ville colorée et très moderne avec ses bâtiments et ses quartiers luxueux. Ils restent dix jours **en Côte-d'Ivoire** et ils font **beaucoup d'excursions**.

1. Où vont Daphine et Frédric ?
2. Qu est-ce qu'ils visitent?
3. Où est-ce qu'ils restent dix jours?
4. Qu est-ce qu'ils font ?

7 L'ADJECTIF QUALIFICATIF   FR1

7.1 Accordez les adjectifs qualificatifs et mettez-les à la bonne place.

1. C'est une étudiante (sportif et courageux).   C'est une étudiante sportive et courageuse

2. Est-ce que tu connais un restaurant français (bon)?   Est-ce qu tu connais un bon restaurant français

3. Quelle journée (beau)!   Quelle belle journée

4. La radio des jeunes cherche une personne (sérieux, compétent et joyeux) pour un poste d'animateur.
La radio des jeunes cherche une personne sérieuse, compétente et joyeuse pour un poste d'animateur

5. Pour aller au concert de Schubert, Mélanie porte une jupe (vert): elle est très (élégant).   Pour aller au concert de Schubert, Mélanie porte une jupe verte : elle est très élégante

7.2 Faites des phrases. Vérifiez bien la place des adjectifs.

Suggestions (intéressant) mais un peu (compliqué)

Ce sont des suggestions intéressantes mais un peu compliquées.

1. Livre (intéressant) mais un peu (bizarre)   C'est un livre intéressant mais un peu bizarre

2. Ville (ancien) mais très (animé)   C'est une ville ancienne mais très animée

3. Garçon (étrange) mais (généreux)   C'est un garçon étrange mais généreux

4. Maison (joli) mais très (vieux)   C'est une jolie maison très vielle

8 RÉPONDRE À UNE QUESTION PAR OUI, SI, NON, MOI AUSSI, MOI NON PLUS...

8.1 Répondez aux questions en commençant vos phrases par si, moi aussi ou moi non plus.

1. J'aime le chocolat, et toi?   Moi aussi, j'aime le chocolat

2. Nous ne nous levons pas tôt, et vous?   Moi non plus, je ne me lave pas tôt

3. Je ne vais pas au théâtre ce soir, et toi? *Moi si, je vais au théâtre ce soir*

4. Sandrine déteste la neige, et vous? *Moi si, j'aime la neige*

5. Patricia ne regarde pas la télévision, et toi? *Moi aussi, je ne regarde pas la télévision*

6. Les enfants jouent quelquefois au football, et vous? *Moi aussi, je joue quelquefois au football*

9 EXERCICES VARIÉS

9.1 Écrivez les verbes au présent.

1. Nous (aller) *allons* au restaurant. Tu (être) *es* libre?

2. Tu (connaître) *connais* un bon restaurant?

3. Non, je ne (venir) *viens* pas.

4. On y (manger) *mange* bien? C'est cher ou ce n'est pas cher?

5. Nous ne (venir) *venons* pas avec vous. Nous (aller) _____

   rester un peu ici.

6. Le samedi, elle (faire) *fait* de la bicyclette.

7. Elles (venir) *viennent* du bureau.

8. Le professeur (corriger) *corrige* les exercices.

9. Vous (aller) *allez* à quelle séance?

10. Alors, vous (venir) *venez* avec nous?

9.2 Complétez les phrases avec le verbe qui convient.

| ✓ parler | ✓ étudier | ✓ se lever | ○ connaître | ✓ regarder | ✓ être | ✓ venir |

1. Nous *étudions* la philosophie.

2. Je *me lève* d'habitude à 7 heures.

3. Tu *regarde* la télévision.

4. Elles *parlent* trois langues étrangères.

5. Vous *connaissez* Paris.

6. Il *est* informaticien.

7. J'ai deux places pour le théâtre. Tu *viens* avec moi?

) RÉDIGEZ

SAT

1   Lisez l'article sur Ahmadou Kourouma, puis écrivez les questions et les réponses de l'interview.

Il s'appelle Ahmadou Kourouma. Il est écrivain ivoirien. C'est une des figures majeures de la littérature africaine contemporaine. En 1968, il publie au Québec son premier roman, *Le soleil des indépendances* (prix de la Francité). En 1986, il reçoit du président français François Mitterrand le titre de chevalier de l'ordre de la Légion d'honneur. Quatre ans plus tard, en 1990, il publie un deuxième roman, *Monnè, outrages et défis*, qui raconte l'histoire coloniale. Il sort un troisième livre en 1998 : *En attendant le vote des bêtes sauvages*, une satire des régimes totalitaires africains. À l'automne 2000, il publie un quatrième roman, *Allah n'est pas obligé*, qui obtient un grand succès (prix Renaudot et prix Goncourt des lycéens).

Le journaliste : Comment t'appelle tu ? _____ (1) ?

A. Kourouma : Je m'appelle Ahmadou Kourouma.

Le journaliste : Quelle est votre profession ? _____ (2) ?

A. Kourouma : Je suis écrivain.

Le journaliste : _____ (3) ?

A. Kourouma : _____ .

Le journaliste : _____ (4) ?

A. Kourouma : _____ .

2   Présentez un écrivain de votre pays.

_____

_____

_____

_____

_____

3   Hélène est infirmière dans un hôpital pour enfants. Faites des phrases avec son emploi du temps.

) *6 h 00 :* se lever   *À 6 heures, elle se lève.*

  6 h 30 : se doucher, se préparer, s'habiller

7 h 00 : réveiller les enfants

8 h 00 : s'occuper du petit-déjeuner de la famille

8 h 30 : déposer les enfants à l'école

9 h 00 : se dépêcher pour aller au travail

13 h 00 : déjeuner avec les collègues

15 h 00 : aller chercher les enfants à l'école

16 h 00 : aider les enfants à faire leurs devoirs

17 h 00 : se reposer un peu

18 h 00 : préparer le dîner

19 h 00 : dîner avec la famille

20 h 00 : coucher les enfants

21 h 00 : regarder la télé ou lire

23 h 00 : se coucher

4 Sur ce modèle, écrivez un petit texte. Remplacez Benoît par Brigitte. Changez les mots en gras.

Tu connais **Benoît**? **Il** aime **lire et chanter**. **Il** va souvent **se promener** dans **les marchés le samedi** matin. **Il** cherche **des livres anciens et rares**. De temps en temps, **il** donne rendez-vous à des amis et ils boivent **un verre de limonade fraîche** à la terrasse d'un petit café. Puis **il** part **sur son vélo** et **il** va **à la bibliothèque** de son quartier. **Il** aime se perdre au milieu **des rayons de livres**. À cinq heures, **il** a **une répétition avec son groupe de chant** et **il chante** toute la soirée.

) PRONONCEZ

piste 9   1   **Écoutez et répétez.**

LES NOMBRES DE 70 À 1 000 000 000		
70 soixante-dix	90 quatre-vingt-dix	200 deux cents
71 soixante et onze	91 quatre-vingt-onze	203 deux cent trois
72 soixante-douze	92 quatre-vingt-douze	378 trois cent soixante-dix-huit
73 soixante-treize	93 quatre-vingt-treize	500 cinq cents
		586 cinq cent quatre-vingt-six
80 quatre-vingts	100 cent	982 neuf cent quatre-vingt-deux
82 quatre-vingt-deux	101 cent un	1 081 mille quatre-vingt-un
83 quatre-vingt-trois	102 cent deux	2 225 deux mille deux cent vingt-cinq
	126 cent vingt-six	1 000 000 un million
		1 000 000 000 un milliard

piste 10   2   **Indiquez si le mot est masculin ou féminin.**

	1	2	3	4	5	6	7	8	9	10
masculin										
féminin										
masculin ou féminin										

piste 11   3   **Indiquez si la phrase est une question ou une affirmation.**

	1	2	3	4	5	6	7	8
question								
affirmation								

piste 12   4   **Écoutez la phrase et transformez-la en question avec** est-ce que**.**

1. _____

2. _____

3. _____

4. _____

5. _____

6. _____

piste 13   **5. Écoutez les phrases et mettez-les au féminin.**

1. Une histoire   C'est une histoire intéressante et amusante.

_____

2. Une femme _____

3. La serveuse _____

4. La voisine _____

5. Une rue _____

6. Une fille _____

7. La directrice _____

piste 14   **6. Écoutez les phrases et associez-les avec les dessins.**
Écrivez le numéro de la phrase dans le cercle.

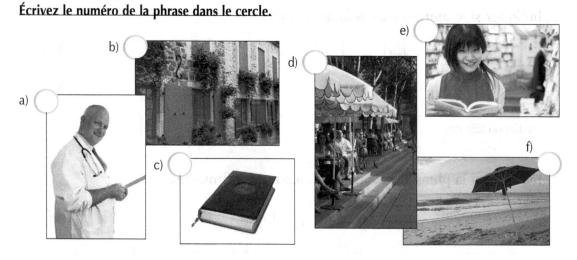

piste 15   **7. LES HOMOPHONES Écoutez les phrases et écrivez a, à ou as.**

Marion _____ quatre amis _____ Lausanne, _____ Paris, _____ Montréal et _____ Dakar. Ils s'appellent Anne, Alphonse, Patricia et Marie.

Anne _____ faim _____ Lausanne. Alphonse a soif _____ Paris. Patricia _____ froid à Montréal. Marie a chaud _____ Dakar. Et toi? Tu _____ faim ou soif?

AUTO-ÉVALUATION, MODULE 1

Évaluez vos connaissances selon ces cinq critères.

I. COMPRÉHENSION ORALE

	😊	😐	☹️
• Je comprends quand on me pose des questions sur mon identité (nom, âge, nationalité, adresse, profession).			
• Je comprends quand on me demande mon numéro de téléphone.			
• Je reconnais un texte français : les accents, la ponctuation.			
• Je réponds quand le prof me pose des questions.			
• Je comprends quand quelqu'un se présente à moi en français.			

II. PRODUCTION ORALE

• Je sais saluer, me présenter, épeler mon nom, donner mon adresse.			
• Je sais dire ce que j'aime et ce que je déteste.			
• Je sais parler des objets que je possède.			
• Je sais dire où je vais.			
• Je sais parler de ce que je fais, de mes activités quotidiennes.			
• Je sais exprimer mon accord sur quelque chose.			
• Je sais laisser un message téléphonique très court.			
• Je sais poser des questions pour connaître l'identité de quelqu'un (demander comment ça va, d'où il/elle est, quelles langues il/elle parle, son nom, son adresse, sa profession).			
• Je sais présenter quelqu'un (dire son nom et sa nationalité, sa profession, d'où il/elle est, quelles langues il/elle parle).			
• Je sais poser des questions à quelqu'un sur ses activités quotidiennes, demander où il/elle va.			

III. OBJECTIFS LEXICAUX

• Je peux compter jusqu'à 100.			
• Je peux nommer les jours de la semaine, les mois et les quatre saisons.			

IV. OBJECTIFS GRAMMATICAUX

• Je peux conjuguer les verbes **être** et **avoir**.			
• Je peux nommer 15 verbes qui se terminent en **er.**			
• Je peux conjuguer les verbes **acheter**, **préférer**, **répéter**, **compléter** et les verbes en **ger** et **cer**.			
• Je peux utiliser **au** et **en** devant les noms de pays.			
• Je peux poser des questions avec **est-ce que**, **où**, **comment**.			
• Je peux nommer des adjectifs qui se placent devant le nom.			
• Je peux conjuguer les verbes **aller**, **connaître**, **savoir**, **faire** et **venir** au présent.			

V. OBJECTIFS CULTURELS

• Je peux nommer quatre personnalités francophones (écrivains, chercheurs ou autres).			
• Je connais cinq villes et cinq pays francophones.			

Nourriture, force, nature

module

Loisirs et plaisirs

) APPRENEZ DE NOUVEAUX MOTS

1. Chassez les intrus.

1. apprécier ▮ admirer ▮ partir ▮ consulter _____

2. prendre ▮ aller ▮ comprendre ▮ apprendre _____

3. sortir ▮ choisir ▮ partir ▮ sentir _____

4. se lever ▮ sélectionner ▮ se coucher ▮ se réveiller _____

5. finir ▮ choisir ▮ sortir ▮ grandir _____

2. Associez chaque nom à un verbe. Il y a plusieurs possibilités.

la leçon.

l'anglais.

une bière.

Prendre ○   la voiture.

Comprendre ○   un café.

Apprendre ○   la grammaire.

Reprendre ○   une décision.

des notes.

à parler.

3. Dessinez un arbre généalogique.

Monsieur et madame Boulet ont deux enfants : Sandrine et Jean-Pierre. Sandrine Boulet épouse Alain Leblanc. Ils ont trois enfants : Élisabeth, Éric et Paul Leblanc. Jean-Pierre Boulet épouse Sophie Mercier.

Arbre généalogique de la famille Boulet

Questions :

1. M. Boulet est _____ d'Élisabeth.

2. Jean-Pierre est _____ de Sophie.

3. Élisabeth est _____ de madame Boulet.

4. Éric et Paul sont _____ de Jean-Pierre.

5. Sophie est _____ de madame Boulet.

6. Madame Boulet est _____ de Jean-Pierre.

7. Sandrine est _____ d'Alain.

8. Élisabeth est _____ de Paul et d'Éric.

9. Jean-Pierre est _____ d'Élisabeth, de Paul et d'Éric.

10. Sophie est _____ de Sandrine.

---

4. **Quelle heure est-il ? Écrivez les heures en toutes lettres. Attention à l'heure officielle.**

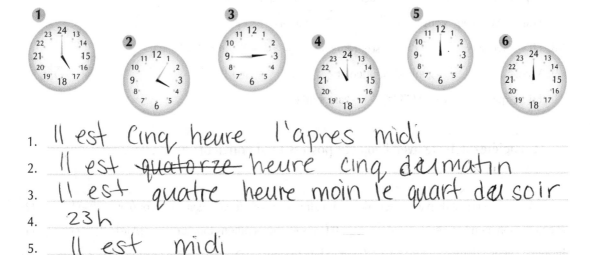

1. Il est cinq heure l'apres midi

2. Il est ~~quatorze~~ heure cinq dumatin

3. Il est quatre heure moin le quart du soir

4. 23h

5. Il est midi

6. _____

5. Faites des phrases. Qu'est-ce que vous faites le...

Mardi à 11 h   *Le mardi à 11 h, nous étudions.*

1. Lundi à 7 h   Le lundi a sept heure de l'apres-midi nous mangeons

2. Mercredi à 10 h 30

3. Vendredi à 20 h

4. Samedi à 15 h

5. Dimanche à 6 h du matin

OBSERVEZ ET EMPLOYEZ LES STRUCTURES

1 LES ADJECTIFS POSSESSIFS

1.1 Complétez les phrases avec l'adjectif possessif qui convient.

1. Claudine et Marc fêtent   leur   anniversaire en décembre.
2. Nous connaissons bien   notre   quartier, mais nous ne connaissons pas la ville.
3.   Ton   rendez-vous chez le dentiste est à 20 heures. N'oublie pas!
4.   Ma   famille et   mes   amis passent leurs vacances ensemble à Québec.
5. Comme d'habitude, il ne trouve pas ~~leur~~ ses clés.
6. Sophie prend   sa   douche tous les matins à 6 heures.
7. Police! Monsieur, vous avez ~~votre~~ ses papiers?
8. Elle arrive avec   son   sœur Julie et   sa   frère Paul.
9. Voici   mon   amie Véronique et   mon   ami Pierre.
10. Est-ce que vous avez   votre   passeport?

1.2 Complétez le texte avec l'adjectif possessif qui convient: nos, notre, son, mes, leurs ou ses.

Mes (1) grands-parents sont des gens extraordinaires. Ils voyagent beaucoup et leurs (2) aventures sont nombreuses. Mes (3) frères et moi écoutons toujours avec plaisir notre (4) histoires. Nous adorons notre (5) grand-mère pour nos (6) affection et nos (7) biscuits toujours chauds et _____ (8) grand-père pour _____ (9) imagination.

1.3 **Répondez aux questions comme dans l'exemple.**

) *C'est sa fille ? (Sylvie)*   *Oui, c'est la fille de Sylvie.*

1. C'est son sac ? (Brigitte) _____

2. Ce sont leurs enfants ? (les Dupont) _____

3. Ce sont ses livres ? (l'étudiant) _____

4. C'est sa mère ? (Philippe) _____

5. C'est leur appartement ? (la famille Boulet) _____

6. Ce sont leurs skis ? (les enfants) _____

2 L'INTERROGATION

2.1 **Complétez les questions avec est-ce que… ou qu'est-ce que…**

1. _____ vous faites ce soir ?

2. _____ vous sortez souvent le week-end ?

3. _____ tu choisis ?

4. _____ vous prenez comme boisson ?

5. _____ vous aimez aller au théâtre ?

6. _____ vous préférez les romans ou la science-fiction ?

2.2 **Trouvez la question qui correspond aux réponses suivantes.**
Utilisez les trois types de questions.

1. _____ ?

C'est la bibliothèque.

2. _____ ?

C'est l'étudiante en philosophie.

3. _____ ?

Ce sont les professeurs de français.

4. _____ ?

Il habite au centre-ville.

5. _____ ?

Non, ce n'est pas l'examen d'histoire.

6. _____ ?

Non, je déteste le sport.

7. _____ ?

Nous étudions l'économie.

LE VERBE PRENDRE AU PRÉSENT

3.1 Complétez les phrases avec les verbes prendre, apprendre, comprendre ou reprendre.

1. Ils _____ le train demain matin à 8 heures.

2. En juillet, le directeur ne _____ pas de vacances.

3. Tu _____ l'hébreu ?

4. Quand tu _____ l'avion, tu _____ un billet de première ou de seconde classe ?

5. Tu _____ seulement une salade ? Tu n'as pas faim ?

6. Louise _____ la salsa.

7. Nous ne _____ pas quand vous parlez vite.

8. Je _____ du gâteau et eux, ils _____ des fruits.

LES VERBES EN IR COMME FINIR AU PRÉSENT

4.1 Mettez les verbes entre parenthèses à la forme qui convient.

1. Je (finir) _____ mon verre et j'arrive.

2. Les ministres (finir) _____ leur réunion très tard.

3. Tu ne (réussir) _____ pas parce que tu n'étudies pas.

4. Les journalistes (choisir) _____ le programme de la semaine.

5. Les spectateurs (applaudir) _____ le chanteur.

6. La soirée (finir) _____ vers minuit.

LES VERBES SORTIR, PARTIR ET DORMIR AU PRÉSENT

5.1 Mettez les phrases au pluriel.

1. Quand tu pars en vacances, tu choisis la montagne ou la mer ?

_____

2. Je prends le train demain matin.

_____

3. Elle part pour Paris le 1er mai et elle revient le 30.

_____

4. Je sais que tu finis ton travail à 17 heures.

_____

5. Tu sors vendredi ?

6. J'achète un billet d'entrée.

5.2 Complétez le tableau.

	savoir	faire	prendre	partir	aller	avoir
tu	sais	fais	prends	parts		
nous	savons	faisons	prennons	partissons		
elles	savent	font	prennent			
il	sait	fait	prend			

6 LE VERBE RÉPONDRE AU PRÉSENT

6.1 Mettez les verbes entre parenthèses à la forme qui convient.

1. Les enfants (répondre) _____ aux questions.

2. Je (descendre) _____ promener le chien matin et soir.

3. Ici, on (vendre) _____ des CD.

4. Tu (entendre) _____ ? Il y a un concert dans la rue.

5. Vous (répondre) _____ ? Oui ou non ?

6. Nous (rendre) _____ toujours nos livres en retard.

7 QUE, MOT INTRODUCTEUR D'UNE PENSÉE, D'UNE AFFIRMATION, D'UNE OPINION

7.1 À partir des thèmes suivants, écrivez des phrases en utilisant Je pense que..., Je constate que... ou Je remarque que...

1. La pollution dans le monde _____

_____

2. La vie au xxie siècle _____

_____

3. L'amitié _____

_____

4. Les voyages _____

_____

8 LE FUTUR AVEC ALLER + INFINITIF

8.1 Dites si le verbe aller est au présent ou au futur.

1. Tu vas au cinéma ? _____

2. Demain, qu'est-ce que vous allez faire ? _____

3. Nous allons danser avec nos amis.

4. Elle va bien.

5. Je ne vais pas à la fête des étudiants.

6. Elles vont parler français.

7. Le mois prochain, il va aller en Suisse.

8. Ils vont aller danser.

8.2 Mettez les phrases suivantes au futur avec le verbe aller + infinitif.

1. Nous partons dans deux heures.

2. Les étudiants organisent la fête.

3. Cet été, je vais en Espagne.

4. Je n'étudie pas ce week-end.

5. Marion expose ses sculptures.

6. L'ambulance arrive dans cinq minutes.

7. Demain soir, nous fêtons ton anniversaire.

8.3 Posez la question en employant le verbe aller + infinitif.

1. _____ ?

Nous allons étudier à la bibliothèque.

2. _____ ?

Je vais rester chez moi. Pourquoi ?

3. _____ ?

Demain après-midi, elle va voir un nouvel appartement.

4. _____ ?

Ils vont voyager en voiture.

5. _____ ?

Oui, je suis fatigué. Je vais me reposer.

9 EXERCICES VARIÉS

9.1 Mettez les phrases suivantes au pluriel.

1. La petite fille est triste et fatiguée. _____

2. Sa cousine a une grande maison rouge. _____

3. Le livre est sérieux mais intéressant. _____

4. L'examen est long et fatigant. _____

5. Le nouvel élève est timide et sympathique. _____

9.2 Mettez les verbes entre parenthèses à la forme qui convient.

1. Patricia (se doucher) _____ le matin.

2. Mes parents (se réveiller) _____ très tôt.

3. L'acteur (se maquiller) _____ .

4. Les enfants (se préparer) _____ pour aller à l'école.

5. Je (se promener) _____ une heure par jour.

6. Nous (se coucher) _____ tard le samedi.

7. Vous (se rappeler) _____ le numéro de téléphone de Mélanie ?

9.3 Complétez les phrases avec les verbes connaître ou savoir en les mettant à la forme appropriée.

1. Excusez-moi, je ne _____ pas votre prénom.

2. Vous _____ un bon restaurant dans ce quartier ?

3. Olivier ne _____ pas où aller.

4. Tu _____ tout le monde, toi.

5. Tes grands-parents _____ parler anglais.

6. Je ne _____ pas bien la géographie de mon pays.

7. Nous _____ un coin sympa pour faire du camping.

9.4 **Reliez les éléments des deux colonnes.**

1. Nous partons   a) du sport.

2. Tu te lèves   b) le soir.

3. Je fais   c) au musée?

4. Les enfants finissent   d) mes amis?

5. Vous allez   e) leurs devoirs.

6. Elles comprennent   f) en vacances.

7. Vous connaissez   g) l'italien.

8. Elles sortent   h) tôt?

) RÉDIGEZ

1 **Selon ce modèle, écrivez un petit texte. Changez les mots en gras.**

Je m'appelle Véronique. J'ai **32 ans**. Je suis **célibataire**. Je travaille **dans un hôpital**. Dans ma famille, on aime beaucoup les sciences. **Mon père** est pharmacien, **ma mère** est médecin, **ma grande** sœur est biologiste, **mon oncle** est chimiste et **mes deux tantes** sont infirmières. Moi aussi, je suis **infirmière**. Les amies nous disent souvent d'ouvrir notre propre clinique. J'**aime** beaucoup mon travail, mais **c'est une profession difficile**. Pour aller au travail, je prends **le métro**. Je travaille quatre jours par semaine. Je ne travaille pas **du vendredi** au **dimanche**. Je commence mon travail **à 9 h** et je finis **à 17 h**. De temps en temps, je vais au restaurant. Je connais un bon restaurant **grec**. Le week-end, je fais du sport. En vacances, je préfère aller **à la montagne**. Je n'aime pas **la mer** parce que je ne sais pas **nager**. J'ai des amis étrangers : des **Vietnamiens**, des **Péruviens**, des **Américains**, des **Italiens**. Nous aimons aller **au parc** et parler de **notre vie**.

) PRONONCEZ

piste 16 **1. Écoutez et répétez les phrases. Mettez l'accent sur la dernière syllabe.**

Je prends le bus.
Je prends le bus tous les jours.
Je prends le bus tous les jours pour aller au travail.

Je ne comprends pas.
Je ne comprends pas du tout.
Désolée, je ne comprends pas du tout ce livre.

Je sors tous les soirs.
Je sors tous les soirs avec mes amis.
Je sors tous les soirs avec mes amis pour prendre un verre.

piste 17 **2. Indiquez le verbe que vous entendez.**

	1	2	3	4	5	6	7	8	9
aimer									
avoir									
connaître									
être									
finir									
parler									
prendre									
s'appeler									
savoir									

piste 18 **3. LES HOMOPHONES Écoutez les phrases et écrivez ou ou où.**

1. _____ sors-tu ? Au cinéma _____ au théâtre ?

2. _____ habites-tu ? À Genève _____ à Abidjan ?

3. _____ prenez-vous votre petit-déjeuner ? Au café _____ à la maison ?

4. D' _____ viens-tu ? _____ vas-tu ? À la maison _____ à l'hôtel ? À la banque _____ au bureau ?

5. Et _____ étudies-tu ? À l'université _____ au collège ?

6. Préfères-tu le français _____ l'histoire ?

« Notre planète est fragile et précieuse »

) APPRENEZ DE NOUVEAUX MOTS

1 Chassez les intrus.

1. pollution ┃ réchauffement ┃ environnement ┃ monument

2. menacés ┃ en danger ┃ changement ┃ disparition

3. penser ┃ vouloir ┃ réfléchir ┃ rêver

4. simple ┃ clair ┃ facile ┃ compliqué

5. devant ┃ sous ┃ derrière ┃ demain

2 Associez les éléments des deux colonnes.

1. Nous habitons   a) Il est à côté de la banque.

2. Le musée est   b) en face du cinéma, entre le café et l'hôtel.

3. Où est le supermarché ?   c) Prenez la première rue à droite.

4. La mairie se trouve   d) Au coin de la rue Queen et de la rue Prince.

5. Est-ce qu'il y a une librairie ici ?   e) Oui, juste derrière le bâtiment bleu.

6. Le club de jazz, s'il vous plaît ?   f) au centre de la ville.

3 Complétez le texte avec les prépositions sur, sous, dans, derrière ou devant.

Une chambre en désordre

La mère de Yann n'est pas contente. La chambre de son fils est en désordre. Il ne range pas ses affaires.

Ses livres sont _____ la table et non _____ la table. Il range ses vêtements _____ le tapis. De temps en temps, il laisse son ordinateur

_____ le lit ou _____ la porte. Il jette les papiers _____

le lit. Il y a beaucoup de livres _____ la bibliothèque. _____ l'ar-

moire, il y a des biscuits et des chocolats.

4   Devinette. Qu'est-ce que c'est? Relisez le dialogue de la page 86 pour trouver le mot correspondant à ces définitions.

1. En danger, en voie de disparition _____

2. Débat organisé sur un sujet _____

3. Classe d'animaux vertébrés _____

4. Accord signé par plusieurs pays sur un sujet donné _____

5. Acte juridique signé entre deux pays _____

5   Complétez avec l'un des mots suivants.

○ réchauffement	○ nature	○ participants	○ inquiétant
○ décisions	○ conférence	○ protocole de Kyoto	○ solution

Une grande _____ sur l'environnement va avoir lieu à Montréal prochainement.

Un des grands sujets va être le _____ et le _____ de la pla-

nète. Il s'agit de trouver une _____ à un problème très _____ .

Les pays _____ doivent prendre des _____ pour protéger la

_____ .

) OBSERVEZ ET EMPLOYEZ LES STRUCTURES

1 LES ADJECTIFS DÉMONSTRATIFS

1.1   Mettez ce, cet, cette ou ces.

1. J'aime _cette_ ville.

2. Vous connaissez _cette_ étudiante? Elle est très sympa.

3. Anne-Sophie n'aime pas _ces_ fleurs.

4. Il veut rencontrer _cet_ acteur.

5. _Ce_ garçon habite près de chez moi.

6. _Cette_ chemise bleue est très belle.

7. _Ces_ voitures roulent très vite.

8. Qu'est-ce que tu fais _ce_ soir?

2 LES VERBES SUIVRE ET VIVRE AU PRÉSENT

2.1 Complétez les phrases avec les verbes suivre, vivre ou être.

1. Ma tante est en bonne santé. Elle a 98 ans et elle _____ seule dans son appartement.

2. Quels cours _____-vous cette année ?

3. Je _____ très contente de voir ce film.

4. Elle ne prend pas de sucre. Elle _____ un régime.

5. Ma petite sœur ne s'habille pas comme les filles de son âge. Elle ne _____ pas la mode.

6. Charles _____ seul dans la maison de ses parents. C'est triste !

3 LES VERBES VOULOIR, POUVOIR ET DEVOIR AU PRÉSENT

3.1 Complétez les phrases avec les verbes vouloir, pouvoir, devoir ou aller. Il y a plusieurs possibilités.

1. Monsieur, nous _____ payer parce que nous _____ partir.

2. Demain, Jean-Louis _____ faire la lessive.

3. Plus tard, je _____ être professeur de français.

4. Pour être heureux, on _____ avoir beaucoup d'amis. Tu es d'accord ?

5. Moi, je _____ être riche.

6. Il pleut. Nous _____ prendre un parapluie.

7. Est-ce que tu _____ aller à la bibliothèque cet après-midi ?

8. Denise _____ acheter une maison avec un grand jardin.

9. Madame, _____-vous lire lentement, s'il vous plaît ?

10. Les Dubois ne _____ pas habiter en ville. Ils préfèrent la campagne.

11. Tu _____ prendre un taxi pour arriver à l'heure.

12. Elle _____ connaître mon âge ?

3.2 Conjuguez les verbes entre parenthèses.

— Eh papa, qu'est-ce que tu (faire) _____ (1) ce soir ?

— Pourquoi ?

— Je (pouvoir) _____ (2) prendre la voiture ?

— Pour aller où ?

— Je (vouloir) _____ (3) montrer la ville à une amie étrangère.

— Tu (devoir) _____ (4) faire attention, mon fils. Tu n'es pas guide touristique. Vous êtes jeunes. Vous (pouvoir) _____ (5) y aller à pied. On apprécie mieux la ville à pied.

— Il (faire) _____ (6) froid et la ville est trop grande. Nous ne (pouvoir) _____ (7)

pas marcher longtemps.

— Tu (avoir) _____ (8) de l'argent pour l'essence ?

— Je (aller) _____ (9) en demander à maman.

— Ah, cet enfant !

3.3 Associez les phrases.

1. Je voudrais parler à Monsieur Leforestier.   a) Il est au régime.

2. François ne peut pas manger de gâteau.   b) mais la poste est fermée.

3. Milène doit réviser ses leçons.   c) Elle a un examen.

4. J'ai besoin de timbres,   d) Il n'est pas là.

3.4 Associez les phrases.

Sophie veut visiter le musée, mais elle ne peut pas
parce qu' ————————————▶   *il est fermé.*

1. Nous voulons rester trois jours, mais nous ne pou-   a) elle est malade.
   vons pas parce que

2. Elle veut danser, mais elle ne peut pas parce qu'   b) elle arrive en retard.

3. Les étudiants veulent étudier, mais ils ne peuvent   c) il y a du bruit.
   pas parce qu'

4. Ma mère veut acheter cette veste, mais elle ne peut   d) elle ne trouve pas sa taille.
   pas parce qu'

5. Le directeur veut donner une promotion à son assis-   e) nous n'avons pas d'argent.
   tante, mais il ne peut pas parce qu'

4 LE VERBE PAYER AU PRÉSENT

4.1 Complétez les phrases au présent avec le verbe approprié.

○ essayer	○ payer	○ envoyer	○ nettoyer

1. Vous _____ comment ? En espèces ou par chèque ?

2. Nous _____ une carte postale à notre grand-mère.

3. Ma sœur et ma mère _____ toutes les robes du magasin.

4. Cette entreprise _____ bien ses salariés.

5. Elle _____ sa chambre tous les jours.

4.2 Mettez les phrases au pluriel.

1. Je paie les factures tous les mois. _____

2. Tu envoies le paquet par la poste ? _____

3. Il essaie plusieurs pantalons avant d'en acheter un.

4. Elle paie son loyer à la fin du mois.

4.3 Complétez le texte en choisissant le verbe à la forme appropriée.

| ○ essayer | ○ penser | ○ devoir | ○ aller | ○ vouloir |

Mon ami Stéphane est courageux. Il a une maladie très grave, mais il vient tous les jours en classe et il

_____ (1) de suivre le cours comme tout le monde. Stéphane _____ (2)

réussir sa vie comme tout le monde. Il _____ (3) prendre des médicaments toutes les

trois heures. Cet après-midi, nous _____ (4) écouter une conférence sur les médica-

ments du XXIe siècle. Comme moi, il s'intéresse beaucoup à la science. Nous _____ (5)

qu'un jour un chercheur va trouver un remède à sa maladie.

5 LE PRONOM Y

5.1 Pour éviter la répétition, utilisez le pronom y.

Sylvie : Quand j'ai soif, je vais à la cafétéria.

Catherine : Moi aussi, je vais **à la cafétéria** après chaque cours.   *Moi aussi, j'y vais après chaque cours*

Sylvie : J'aime bien cette cafétéria. On trouve des jus, des fruits **dans cette cafétéria**.

On y trouve des jus, de fruits

Catherine : Ne perdons pas notre temps. Allons **à cette cafétéria**.   *Allons-y*

Ne y perdons pas notre temps

5.2 Répondez aux questions en employant le pronom y.

1. Cet après-midi, tu vas **à la bibliothèque** ?   *Cet après-midi, tu y vas ?*

2. Vous ne voulez pas aller **chez Gaston** ?

Vous ne y voulez pas aller ?

3. Quand est-ce que vous allez **au Vietnam** ?

Quand est-ce que vous y allez ?

4. En général, qu'est-ce qu'on fait **dans cette salle** ?

En général, qu'est-ce qu'on y fait ?

5. Est-ce que ma clé est **sur la table** ?

Est-ce que ma clé y'est ?

6 LE PASSÉ COMPOSÉ

6.1 Complétez les phrases avec l'auxiliaire être ou avoir.

1. Patricia _____ arrivée à 5 h.

2. Elle _____ rencontré ses amis Marc et André.

3. Ils _____ allés manger puis ils _____ sortis pour aller au cinéma.

4. Nous _____ acheté un journal, puis nous _____ choisi un film.

5. Tu _____ dit : « Je suis fatiguée. »

6. Vous _____ parti au bureau à 8 h.

7. Julien _____ vu la dernière exposition à la galerie d'art.

6.2 Mettez les phrases au passé composé.

1. Il passe sa journée à lire les journaux. _____

2. Ils arrivent en retard. _____

3. Vous payez l'addition ? _____

4. Je range ma chambre. _____

5. Elle visite Paris. _____

6. Nous allons à la plage. _____

7. Nous regardons les infos à la télé. _____

8. Je rentre chez moi à 9 h. _____

9. Est-ce que tu écoutes la radio ? _____

10. Les enfants jouent dehors toute la matinée. _____

6.3 Écrivez les participes passés des verbes, puis indiquez si on les conjugue avec avoir ou être.

) parler	*parlé*	*avoir*
1. lire		
2. dire		
3. avoir		
4. venir		
5. connaître		
6. savoir		
7. sortir		

8. prendre _____

9. mettre _____

10. comprendre _____

11. partir _____

12. devoir _____

13. arriver _____

14. aller _____

6.4 Mettez les phrases suivantes au passé composé.

1. Je suis très heureux de vous voir.

_____

2. Amar et Marion commencent les préparatifs pour la table ronde.

_____

3. Ils doivent réfléchir à l'ordre du jour.

_____

4. Nous voulons inviter 50 personnes pour une petite fête.

_____

5. Ils restent chez eux toute la soirée.

_____

6. Tu montes jusqu'au septième étage à pied ?

_____

7. Claire peut danser pendant des heures.

_____

8. Comment ? Tu ne viens pas skier ce week-end ?

_____

9. Vous pouvez faire cet exercice de maths ? Bravo !

_____

10. Philippe a 18 ans mardi.

_____

11. Est-ce que tu fais tes devoirs ?

_____

12. Ma grand-mère vend sa maison.

_____

7 EXERCICES VARIÉS

7.1 Complétez le texte avec les verbes appropriés.

○ passer	○ aller	○ discuter	○ être	○ retrouver
○ prendre	○ il y a	○ acheter	○ se promener	

L'Université internationale se trouve dans un quartier sympa, tranquille et agréable. Tous les matins, pour _____ à l'université, Marion _____ devant le café. Elle _____ un café au lait et un croissant. À côté du café, _____ un petit kiosque où elle _____ son journal. Le jeudi après-midi, elle n'a pas cours. Elle _____ ses amis dans le parc du quartier. Ils _____ de la vie, des cours, de la famille. De temps en temps, ils _____ dans les petites rues très animées. En face du parc, _____ la mairie. Devant l'entrée de la mairie, il y a un superbe monument. L'université n' _____ pas très loin du centre-ville.

7.2 Complétez les phrases avec la préposition qui convient.

○ derrière	○ à côté de	○ à	○ près
○ sous	○ devant	○ dans	○ sur

1. Paul habite _____ une vieille maison verte.

2. Il y a deux oiseaux _____ la branche.

3. J'ai rencontré notre professeur d'anglais _____ la rue.

4. Nous habitons _____ la mairie.

5. Le chat dort _____ la chaise.

6. Brigitte est _____ la cheminée.

7. Il y a un arbre _____ la maison.

8. Le cinéma est _____ de l'école.

9. J'ai vu un très bon film _____ la télé.

10. Elle est assise _____ une belle chaise en bois.

7.3 Trouvez l'infinitif de ces verbes.

	Verbes à l'infinitif
Nous sommes	
Elles veulent	
Ils ont	
Je fais	

	Verbes à l'infinitif
Elle va	
Nous lisons	
Tu dois	
Il faut	
Ils prennent	
Vous savez	
Tu reçois	
Nous essayons	
Ils envoient	
Nous suivons	

7.4 Complétez les phrases avec le verbe approprié.

○ jouer ○ vouloir ○ suivre ○ inviter ○ se lever ○ commencer
○ arriver ○ partir ○ choisir ○ composer ○ savoir ○ pouvoir

1. Un peu de whisky ? Non merci, je ne _____ pas. Je prends des médicaments.

2. Est-ce que vous _____ où est le bureau de poste ?

3. Cette année, nous _____ en Europe.

4. C'est normal. Les Japonais _____ des voitures japonaises.

5. Mesdames, Messieurs, le spectacle _____ dans 5 minutes.

6. Ma petite sœur _____ toujours à 6 h du matin.

7. Pourquoi vous ne _____ pas venir demain ?

8. Dans ce film, Marlène Giroux _____ le rôle d'une jeune femme riche et célibataire.

9. Le directeur _____ souvent ses collègues pour célébrer le Nouvel An.

10. Quand on _____ chez moi, il faut _____ le code de la porte d'entrée.

11. _____ -moi, je vais vous montrer le chemin.

7.5 Écrivez des phrases à la première personne du singulier, puis à la première personne du pluriel.

⟩ *Connaître* *Je connais les parents de Marion.*

Nous connaissons les parents de Marion.

1. Suivre _____

2. Faire _____

3. Étudier _____

4. Apprendre _____

5. Être _____

⟩ RÉDIGEZ

1. Rédigez une lettre d'invitation.

Lisez la réponse suivante.

Le mercredi 28 novembre

Chère Rachel,

Merci pour votre invitation. Malheureusement, nous ne pouvons pas venir parce que c'est l'anniversaire de notre fils. Il va avoir 18 ans, c'est une date très importante. Toute la famille vient d'Europe. Il va y avoir nos grands-parents, nos amis d'enfance et même nos voisins. Nous allons faire une grande fête parce que c'est aussi notre vingtième année de mariage.

Nous vous remercions de votre invitation et vous prions de nous excuser. Nous vous souhaitons une très agréable soirée.

Mathilde et Philippe

a) Répondez aux questions suivantes.

1. Qui écrit la lettre ? _____ .

2. Qui en est le destinataire ? _____ .

3. Quelle est la date de la lettre ? _____ .

4. D'où vient la famille de Mathilde ? _____ .

5. Pourquoi Mathilde et Philippe écrivent cette lettre ? _____ .

b) Rédigez la lettre d'invitation de Rachel.

_____

_____

_____

_____

_____

_____

) PRONONCEZ

piste 19 **1. Indiquez la phrase que vous entendez.**

1. Je peux finir. ○   Je peux venir. ○

2. Je veux partir. ○   Je vais partir. ○

3. C'est un feu. ○   C'est un faux. ○

4. Oh! mes cheveux! ○   Oh! mes chevaux! ○

5. Ce jeu est dangereux. ○   Ce feu est dangereux. ○

6. C'est curieux, des yeux bleus. ○   C'est curieux, des œufs bleus. ○

piste 20 **2. Écoutez les phrases et écrivez les verbes manquants.**

Dalida Naguib, célèbre journaliste, interviewe le responsable du ministère de l'Environnement, monsieur Jacques Lambert.

— Pensez-vous que tous les pays riches _____ (1) à la rencontre sur la protection de l'environnement?

— Je ne sais pas. On _____ (2) à la télévision demain.

— Ah bon! Monsieur le ministre, croyez-vous que tous les pays _____ (3) le nouveau traité?

— Vous _____ (4)! Comme le dit Gaston Lagaffe, célèbre personnage de Franquin, « les contrats, c'est jamais aussi facile ».

— Très intéressant… Monsieur _____ (5) les BD?

— Pourquoi, c'est interdit? Je suis comme tout le monde. Quand on _____ (6) des BD, ça _____ (7) oublier les grands problèmes de notre planète.

piste 21 **3. Écoutez les phrases et écrivez les répliques manquantes.**

Pierre : Samedi, il y a un match de hockey : le Canadien de Montréal contre les Maple Leafs de Toronto. Tu veux venir chez moi?

Isabelle : _____

_____

_____

Pierre : Et à cette conférence, tu y vas avec qui?

Isabelle : Je ne sais pas. Je vais appeler Vincent et voir s'il est libre.

Pierre : _____

_____

piste 22 **4. LES HOMOPHONES Écoutez les phrases et écrivez c'est, ces ou ce.**

1. J'aime _____ tableau. _____ très intéressant.

2. Je préfère _____ photos.

3. On ne peut pas aller au musée à pied. _____ très loin.

4. Il neige. _____ l'hiver.

5. _____ livre coûte très cher.

6. _____ enfants sont adorables.

7. _____ trop compliqué, _____ puzzle.

8. _____ une belle journée ensoleillée.

piste 23 **5. Écoutez les phrases et écrivez sept, cette ou cet.**

Mon oncle a _____ (1) enfants. _____ (2) année, toute la famille a passé ses vacances à Sète, au sud-ouest de Montpellier. C'est un ami de mon oncle qui a choisi _____ (3) endroit. C'est très curieux, _____ (4) enfants à Sète. Le petit, qui a _____ (5) ans, se lève et se couche toujours à _____ (6) heures. _____ (7) famille a certainement un lien magique avec le chiffre _____ (8). Et ce n'est pas tout. Les _____ (9) enfants ont un prénom qui commence par la lettre *s* : Samuel, Sarah, Stéphanie, Simon, Serge, Sophie et Sylvie.

⟩ LISEZ

1. Lisez d'abord ce texte sur la couleur bleue. Ensuite, imitez les deux textes et donnez une définition à d'autres couleurs : le noir, le rouge, le blanc, le vert.

Nos choix et nos couleurs

Les couleurs sont omniprésentes dans nos existences — même si l'on n'y prend pas garde — et il n'est rien de moins innocent que nos choix dans ce domaine. Ce n'est pas un hasard si l'on parle de « noirs présages », que l'on se sent « blanc comme neige » ou que l'on voit « la vie en rose ».

Moi, j'aime le bleu

Le bleu est la plus profonde des couleurs et, après le blanc, la plus métaphysique. Bien sûr, le bleu fait immédiatement penser au ciel, à notre planète vue de l'espace, et il est inconsciemment rattaché à l'immensité, à la vacuité. Ses déclinaisons sont innombrables : bleu d'azur, bleu cyan, bleu de France, bleu marine, bleu indigo, bleu turquoise, bleu de Prusse... [...] Lorsqu'on aime le bleu, sur soi ou dans son habitation, c'est qu'on apprécie le calme et la paix... ou qu'on en a besoin ! [...] Enfin, n'oublions pas que le bleu est l'une des couleurs qui représentent la France, et que la force internationale de maintien de la paix s'appelle les Casques bleus.

Ma couleur préférée, le jaune

Le jaune est la couleur la plus lumineuse du spectre. Sa référence indiscutable est bien sûr l'astre solaire. C'est pourquoi l'affection qu'on porte à cette couleur est plus nuancée : le soleil est synonyme de chaleur et de vie, mais aussi d'aridité, de désolation, et donc de misère. Mais de quel jaune parle-t-on, d'un jaune d'or, d'un jaune canari ou poussin, d'un jaune maïs, moutarde, ocre, tournesol, d'un jaune citron ou de la couleur de l'or ? Ceux qui aiment le jaune vif apprécient sa vibration puissante et tonique, car ce sont eux-mêmes de bons vivants, dotés d'une bonne énergie physique, des gens spontanés, généreux aussi, qui ont des projets et croient en l'avenir. En Chine, le jaune est la couleur réservée aux empereurs et le Bouddha en est également drapé.

Questions de femmes, août 2003, p. 80-83.

unité 6

Un esprit sain dans un corps sain

❭ APPRENEZ DE NOUVEAUX MOTS

1 Voici une liste d'aliments et de boissons. Faites des phrases complètes pour dire à quel repas vous les consommez.

❭ *Du café*   *Je bois **du café** au petit-déjeuner.* _____

   1. Des œufs _____

   2. Du chocolat _____

   3. De la bière _____

   4. De la soupe _____

   5. De l'eau _____

   6. Du pain _____

   7. De la salade _____

   8. Du poulet _____

   9. Des pâtes _____

10. Des fruits _____

11. Du poisson _____

12. Du fromage _____

13. De la confiture _____

14. Du lait _____

15. Du thé _____

16. Du gâteau _____

2. Chassez l'intrus.

1. viande | poulet | céréales | poisson

2. gâteau | biscuit | chocolat | orange

3. concombre | tomate | bonbon | fraise

4. jus d'orange | eau minérale | lait | riz

5. mélanger | éplucher | commander | couper

6. un paquet | une plaque | un verre | un peu

3. Lisez la recette suivante.

Pour faire un bon étudiant ou une bonne étudiante, il faut :

- Un kilo d'énergie
- 500 grammes de concentration
- Une tranche de bonne humeur
- Un litre de tolérance
- Une cuillère à soupe d'ouverture d'esprit
- Deux tonnes de travail

Versez les ingrédients dans un grand bol, mélangez le tout et mettez au four à 200°C pendant 40 minutes. Servez tiède avec une sauce au chocolat.

Bon appétit !

À vous. Écrivez la recette pour faire :

1. Un bon professeur _____

2. Un médecin _____

3. Un politicien _____

4. Un avocat _____

4. Vous êtes responsable des achats pour la fête des étudiants de votre cité universitaire. Il y a 50 étudiants qui vont assister à la soirée. Décidez du menu et faites la liste des produits à acheter pour cette occasion. N'oubliez pas les desserts et les boissons.

Indiquez quelles quantités vous devez acheter.

Menu	Liste

Menu (suite)

Liste (suite)

_____

_____

_____

_____

_____

_____

_____

5. **Mettez les phrases du dialogue suivant dans l'ordre.**

a) **Le garçon:** Que désirez-vous?

b) **Juliette:** J'ai envie de manger des spécialités indiennes.

c) **Juliette:** On sort dîner ce soir? Je n'ai pas envie de cuisiner ni de laver la vaisselle.

d) **Le garçon:** Et comme boisson?

e) **Isabelle:** Très bonne idée et nous devons fêter ton nouveau travail.

f) *Isabelle et Juliette arrivent au restaurant. Elles regardent la carte.*

g) **Juliette:** Une bouteille de vin rouge de la maison. C'est la fête ce soir!

h) **Juliette:** Pour moi, une soupe minestrone comme entrée et un veau milanaise comme plat principal s'il vous plaît.

i) **Juliette:** D'accord…

j) **Isabelle:** Pour moi, c'est facile. Je prends toujours la même chose: des spaghettis à la crème et une salade de tomates. Pas d'entrée.

k) **Isabelle:** Non, nous en avons mangé la semaine dernière. Allons plutôt au resto italien.

Réponse: _____

) OBSERVEZ ET EMPLOYEZ LES STRUCTURES

1 LES PARTITIFS

1.1 Complétez les phrases suivantes avec l'article partitif qui convient.

1. Au petit-déjeuner , je prends _____ café, _____ pain et _____ confiture.

2. Je bois _____ vin trois fois par semaine.

3. Je ne prends pas _____ sucre dans mon café.

4. Voulez-vous _____ fromage? J'ai _____ brie et _____ gruyère.

5. Nous mangeons _____ viande une fois par semaine.

6. Comment, vous ne connaissez pas le restaurant Chez Maria? On y mange _____ spécialités italiennes: _____ pâtes, _____ veau et _____ glaces délicieuses.

1.2 Faites huit phrases avec les éléments des trois colonnes.

○ Nous mangeons	○ du	○ beurre.
○ Je prends	○ de la	○ bière.
○ Il ne boit pas	○ des	○ fromage.
○ Vous voulez	○ de l'	○ soupe.
○ Ils prennent souvent	○ de	○ chocolat.
○ Tu manges		○ confiture.
		○ poisson.
		○ légumes.
		○ fruits.
		○ vin.
		○ boissons gazeuses.
		○ avocat.
		○ ananas.

1. _____

2. _____

3. _____

4. _____

5. _____

6. _____

7. _____

8. _____

2 LES VERBES BOIRE ET METTRE AU PRÉSENT

2.1 Mettez le verbe qui convient.

○ mettre	○ boire	○ permettre	○ remettre	○ transmettre

1. Nous _____ une heure à arriver au travail.

2. Vous _____ du champagne à tous les repas?

3. Ils ne _____ plus de fumer dans les restaurants.

4. On _____ beaucoup en été.

5. Pourquoi _____-il un maillot de bain? Il fait froid!

6. Tu _____ ce vase sur la table s'il te plaît?

7. Je _____ du sucre dans la limonade.

8. Oui bien sûr, nous _____ le message tout de suite.

3 LES VERBES DIRE ET LIRE AU PRÉSENT

3.1 Complétez le texte suivant en mettant les verbes appropriés à la forme qui convient.

○ manger (2 fois)   ○ lire   ○ consommer (2 fois)
○ boire (2 fois)   ○ dire   ○ suivre
○ mettre

Janine _____ (1) un régime alimentaire bio. Elle _____ (2)

beaucoup pour apprendre à bien manger. Ses parents lui _____ (3) d'arrêter, mais

elle _____ (4) de l'eau minérale et des jus de fruits, et elle _____ (5)

des graines de tournesol dans ses salades et ses soupes.

Les étudiants ne _____ (6) pas bien du tout. Ils _____ (7)

beaucoup de viandes grasses et de féculents. Ils _____ (8) des boissons gazeuses

sucrées et chimiques. Ils ne _____ (9) pas de fruits ni de légumes et bien sûr, ils ne

_____ (10) pas à des heures régulières.

3.2 Conjuguez les verbes entre parenthèses.

1. Tu (avoir) _____as_____ l'intention de travailler ce soir?

2. Nous (vivre) _____vivons_____ à la campagne.

3. Elles (suivre) _____suivent_____ des cours de danse.

4. Vous (lire) _____~~tites~~ lisez_____ le journal le matin?

5. Tu (mettre) _____mets_____ de l'alcool dans la salade de fruits?

6. Il (suivre) _____~~suivi~~ suit_____ des cours de portugais.

7. Je (pouvoir) _____peux_____ jouer au football.

8. Elle (devoir) _____doit_____ partir.

4 QUELQUES EXPRESSIONS AVEC AVOIR

4.1 Faites des phrases avec les éléments suivants.

1. avoir peur de ▮ les enfants ▮ nager ▮ dans la mer

les enfants ~~avoir~~ ont peur de nager dans la mer

2. avoir sommeil ▌ un ▌ mais ▌ avoir ▌ demain ▌ nous ▌ nous ▌ examen

3. avoir besoin d' ▌ ils ▌ pour ▌ argent ▌ partir en vacances

ils ont besoin d'argent pour partir en vacances

4. avoir chaud ▌ et ▌ faire 40 degrés ▌ les animaux ▌ il ▌ à l'ombre

Il fait 40 degrés à l'ombre et les animaux ont chaud

5. avoir l'air de ▌ cette ▌ vous ▌ excursion ▌ en forme ▌ après

6. avoir le temps ▌ moi ▌ un verre ▌ tu ▌ de prendre ▌ avec ▌ ?

7. avoir envie de ▌ Brigitte ▌ voir ▌ de ▌ mais ▌ avoir envie de ▌ restaurant ▌ aller à ▌ film ▌ moi ▌ un

LES PRONOMS COMPLÉMENTS D'OBJET DIRECTS (COD)

5.1 Répondez aux questions en remplaçant les noms en gras par le pronom COD qui convient.

1. Vous étudiez **la biologie** le lundi ? nous la étudiez le lundi

2. Est-ce que tu parles bien **l'italien** ? Je ne le parles pas bien

3. Est-ce que Martine veut **ces livres** ? Martine les veut

4. Tu achètes **ton pain** à la boulangerie? Oui, je y ton pain à la boulangerie

5. Vous regardez **les matchs de hockey** à la télé? Oui, nous les regardez à la télé

6. Elles finissent **le cours** à quelle heure? Elle le finissent à 11h30

5.2 Remplacez les mots en gras par un pronom COD.

1. Philippe descend **la poubelle**. Philippe la descende

2. Ils visitent **le musée**. Ils le visitent

3. Tu rends **les livres** à la bibliothèque. Tu les rends à la bibliothèque

4. Marc envoie **l'invitation** à Julie. Marc l'envoie à Julie

5. Patrick donne **son numéro de téléphone** à ses amis. *Patrick le donne à ses amis*

6. Vous aidez **vos étudiants**? *vous les aidezz.*

6 LE PRONOM EN

6.1 Remplacez les mots en gras par le pronom en.

1. Vous venez **d'Abidjan**? _____

2. Tu bois **du lait** pendant les repas? _____

3. Elle envoie **un courriel** à ses amis? _____

4. Vous reprenez **du gâteau**? _____

5. Vincent mange **de la viande**? _____

6. Mélanie a envie **de frites et de poulet rôti**? _____

6.2 Remplacez les mots en gras par les pronoms en ou y.

1. Elle a besoin **du dictionnaire français-anglais**. _____

2. Nous travaillons **au centre-ville**. _____

3. Il va **en Haïti** cet été. _____

4. Ils habitent **à la résidence universitaire**. _____

5. Elles viennent **de la Martinique**. _____

6. J'ai envie **de chocolat**. _____

6.3 Complétez les phrases suivantes avec le pronom y, en, le, la, les ou l'.

1. Nous _____ allons la semaine prochaine.

2. Étienne relit sa composition. Il _____ rend au professeur demain.

3. Vous voulez ce vin? Vous _____ voulez une ou deux bouteilles?

4. Je fais souvent du jogging. J' _____ fais trois fois par semaine, c'est bon pour garder la forme.

5. – Tu adores les excursions, à ce que je vois.

   – Je _____ adore. Je pars le week-end, pendant les vacances quand je peux.

6. Ce week-end, Mélanie va à la fête des étudiants. Elle _____ va tous les ans.

7 L'IMPÉRATIF

7.1 Transformez les verbes à l'infinitif en les mettant à l'impératif.

› *Vous pouvez fumer.* **Fumez.**

1. Nous devons faire la vaisselle. _____

2. Tu peux regarder la télévision.

3. Vous devez lire.

4. Nous pouvons boire.

5. Tu dois payer l'addition.

6. Nous devons finir notre dissertation.

7. Tu peux sortir.

8. Vous pouvez répondre au téléphone.

7.2 Transformez les phrases à l'impératif en phrases de politesse.

) *Ouvrez la porte.* **Vous pouvez ouvrir** la porte, **s'il vous plaît ?**

1. Levez-vous.

2. Fais attention à ta petite sœur.

3. Ne fumez pas, c'est interdit.

4. Allons au marché.

5. Achète du fromage.

7.3 Complétez le tableau avec les verbes appropriés.

Verbes à l'infinitif	Impératif	Présent
	buvez	
		nous transmettons
commencer		
	lis	
		il part
dire		
	dors	
		vous payez
recevoir		
	sachons	
vouloir		

7.4 Refaites les phrases en mettant les verbes à l'impératif. Attention à la place des pronoms.

1. Tu te lèves.

2. Vous vous dépêchez.

3. Nous ne nous maquillons pas. _____

4. Tu te réveilles tôt. _____

5. Nous nous promenons ce soir. _____

6. Vous vous reposez. _____

8 LES PHRASES EN SI, EXPRESSION D'UNE CONDITION

8.1 Conjuguez les verbes entre parenthèses.

1. Si tu (être) _____ malade, reste à la maison.

2. Allons en ville, si vous (vouloir) _____ .

3. Si Viviane (venir) _____ à la fête, je reste à la maison.

4. Si nous (étudier) _____ tôt demain matin, dormons maintenant.

5. Si vous voulez arriver dans une demi-heure, (partir) _____ maintenant.

6. S'il fait beau, les enfants (jouer) _____ dans le parc.

7. (Apprendre) _____ des langues si vous aimez voyager.

8.2 Complétez les phrases suivantes.

1. Si on est malade _____ .

2. Prends ton livre _____ .

3. Je ne viens pas _____ .

4. Si tu travailles beaucoup _____ .

5. Mange _____ .

6. Les étudiants arrivent à l'heure _____ .

7. Si vous êtes fatigués _____ .

8. Si on pratique le français _____ .

9 EXERCICES VARIÉS

9.1 Mettez les mots dans l'ordre.

1. ami ▮ féliciter ▮ allons ▮ nous ▮ notre _____

2. graisses ▮ éliminer ▮ Marc ▮ alimentation ▮ les ▮ son ▮ de ▮ veut _____

_____

3. créative ▮ originale ▮ et ▮ parle ▮ article ▮ l' ▮ journal ▮ dans ▮ le ▮ une ▮ d' ▮ exposition

_____

4. à ▮ école ▮ l' ▮ commence ▮ réforme ▮ la ▮ alimentaire _____

_____

5. école ┃ bizarre ┃ tu ┃ tableau ┃ te ┃ rappelles ┃ derrière ┃ le ┃ zoo ┃ l' ┃ le ┃ avec

_____

_____

9.2 Associez les éléments des deux colonnes.

1. Je suis au régime,	a) impatients, vous allez réussir.
2. Je ne mange pas	b) je dois faire de l'exercice.
3. Pendant la période d'examens, les étudiants	c) boivent du café et dorment peu.
4. Vous avez froid,	d) de partir en vacances.
5. Ne soyez pas	e) mettez une veste.
6. Vous avez besoin	f) si tu veux voir l'exposition sur Picasso.
7. Va au Musée d'art moderne	g) de fruits de mer.

9.3 Lisez le message suivant et transformez je en tu et tu en je. N'oubliez pas de faire les changements nécessaires.

Chère Delphine,

C'est moi, ton admirateur anonyme. Je passe mes journées à la fenêtre à t'admirer. Je te regarde le matin quand tu vas à l'université, je t'attends le soir quand tu reviens. Je ne m'endors plus et mes études vont de plus en plus mal. Je te demande de ne pas m'ignorer et de me permettre de te parler.

À bientôt,
Paul

_____

_____

_____

_____

9.4 Complétez les phrases avec le verbe approprié à la forme qui convient.

○ apprendre	○ finir	○ lire	○ mettre	○ parler	○ il y a
○ rester	○ faire	○ aimer	○ aller	○ prendre	

1. Le week-end, elle _____ ses devoirs de français.

2. En Belgique, on _____ français, flamand et allemand.

3. Alors, nous _____ au cinéma ou au restaurant?

4. Je _____ une douche tous les soirs.

5. Normalement, ils _____ leur travail à 17 h, mais ce soir, ils _____ jusqu'à 18 h.

6. Mais, qu'est-ce qu' _____ dans ce musée?

7. Nous _____ la grammaire française. C'est très facile.

8. Le dimanche, je n' _____ pas rester au lit.

9. Christine _____ un livre par semaine.

10. Mes amis _____ 45 minutes pour arriver à l'université le matin.

) RÉDIGEZ

1 Répondez aux questions suivantes par des phrases complètes.

1. Qu'est-ce qu'il y a dans une omelette? _____

2. Vous préparez un pique-nique pour deux. Qu'est-ce que vous mettez dans votre panier?

3. Nommez trois aliments verts, quatre aliments blancs, deux aliments rouges et cinq aliments jaunes.

4. Qu'est-ce qu'il y a dans un gâteau aux pommes?

2 Sur une feuille à part, écrivez un article sur la restauration rapide pour le journal de l'université. Parlez des types de restaurants qui existent sur votre campus, des styles de repas que vous prenez et des changements que vous pensez y apporter. Construisez votre article avec une introduction et une conclusion.

3 Quel est le rôle d'un repas familial ou d'un repas de fête dans votre famille? Est-ce qu'il y a un repas traditionnel typique? Savez-vous préparer ce repas? Décrivez les préparations, la table, les invités.

Utilisez les verbes et les adjectifs suivants.

Les verbes :

○ se réunir ○ discuter ○ se retrouver en famille ○ partager ○ perpétuer la tradition

Les adjectifs :

○ important ○ bon ○ rassurant ○ joyeux ○ triste ○ compliqué ○ agréable

) PRONONCEZ

piste 24 **1 Répétez les phrases suivantes.**

Dans la ville de Troie, il y a un roi et une très belle reine qui s'appelle Hélène.

Pendant la guerre de Troie, le roi et la reine meurent, et la ville de Troie disparaît.

Triste histoire que celle du roi, de la belle Hélène et de la ville de Troie.

piste 25 **2 Indiquez le mot ou l'expression que vous entendez.**

1. J'envie.	○	Je vis.	○
2. Je vois.	○	J'envoie.	○
3. Il y a...	○	Il a.	○
4. Tu m'appelles.	○	Tout m'appelle.	○
5. Il m'apprend.	○	Il me prend.	○
6. Tu attends ?	○	Tu entends ?	○
7. Il a faim !	○	Enfin !	○
8. Vous voulez.	○	Vous pouvez.	○
9. Écris-lui !	○	Écris-le !	○
10. Tout m'étonne.	○	Tu m'étonnes.	○

piste 26 **3 Indiquez le verbe que vous entendez.**

	1	2	3	4	5	6	7	8
boire								
dire								
écrire								
envoyer								
lire								
mettre								
savoir								
vouloir								

piste 27 **4** **Vous êtes dans un magasin. Écoutez l'annonce et répondez aux questions.**

1. Vous êtes dans quel genre de magasin? _____

2. Quel est le produit en promotion? _____

3. Quel est le prix du produit en promotion? _____

4. Combien de temps les clients ont-ils pour acheter ce produit? _____

piste 28 **5** **Complétez le dialogue entre un médecin et son patient.**

Jean: Bonjour docteur, je vais très mal. _____ (1) au ventre et j'ai des taches rouges sur tout le corps.

Dʳ Dumont: Voyons, Jean, qu' _____ (2) aujourd'hui?

Jean: Mais, rien de spécial. J'ai mangé comme d'habitude. Des pâtes avec une sauce à la crème, du pain avec _____ (3) et du bon fromage, et _____ (4) dessert, une petite mousse au chocolat. Comme j'avais encore un peu faim, j'ai pris _____ (5) après la mousse.

Dʳ Dumont: Je crois, Jean, que vous avez deux _____ (6): une allergie alimentaire... et la gourmandise.

Jean: Vous croyez, docteur?

Répondez maintenant aux questions.

1. Qu'est-ce que Jean a mangé pour dîner? _____

2. Quel est le diagnostic du docteur? _____

3. Où Jean a-t-il mal? _____

4. Imaginez la suite du dialogue.

_____

_____

piste 29 **6** **Complétez les phrases.**

Le garçon sort de la _____ et vient _____ l'assiette devant Suzanne. Le garçon a l'air _____ et soudain Suzanne regarde son _____ . Elle se demande si le _____ qu'on lui sert est frais. Comme elle n'en est pas sûre, elle fait un _____ . Elle interroge les gens aux tables _____ . _____ personnes oui, _____ disent sûrement, _____ disent certainement, onze disent _____ doute, dix disent peut-être et _____ disent non. Et vous, pensez-vous que ce poisson soit _____ ? Suzanne, elle, décide de le manger.

〉LISEZ

Il y a des FrancoFolies à La Rochelle, en France, à Spa en Belgique et à Montréal, au Québec. Lisez le texte suivant sur les FrancoFolies de Montréal en 2006.

Chaque été, depuis maintenant 18 belles années, **les FrancoFolies de Montréal** vous proposent une grande fête de musique francophone en regroupant à la fois des valeurs sûres et des nouveautés de la chanson de langue française. Cette année ne fait pas exception. Des artistes formidables seront au rendez-vous pour offrir, durant 11 belles soirées, le meilleur d'eux-mêmes. Exceptionnellement cette année, l'événement se déroule au tout début de la période estivale, du 8 au 18 juin. Amuseurs publics, acrobates, jongleurs, spectacles en plein air gratuits, animation pour toute la famille et soirées D.J. contribuent à donner à cette fête unique une ambiance urbaine joyeuse et magique. Au cœur du centre-ville de Montréal, sur l'esplanade de la Place des Arts, dans un quadrilatère fermé à la circulation durant l'événement, 800 000 festivaliers feront encore une fois d'inoubliables découvertes musicales. Ils se laisseront tour à tour enchanter ou émouvoir par des surprises, des coups de cœur ou des retrouvailles. Pour commencer l'été sur un air de fête, sur un pas de danse au son de la diversité musicale, c'est aux FrancoFolies que ça se passe !

AUTO-ÉVALUATION, MODULE 2

Évaluez vos connaissances selon ces cinq critères.

I. COMPRÉHENSION ORALE			
• Je comprends les messages téléphoniques.			
• Je comprends un peu les nouvelles à la radio et à la télévision.			
• Je suis capable de comprendre la direction qu'on m'indique.			
• Je peux préparer un plat en suivant une recette à la radio ou à la télévision.			
II. PRODUCTION ORALE			
• Je sais parler de mes loisirs.			
• Je sais parler de mes activités quotidiennes.			
• Je sais exprimer ce que j'apprécie des choses et des personnes.			
• Je sais dire ce que je veux, ce que je peux faire et ce que je dois faire.			
• Je sais parler de mes projets d'avenir en utilisant le futur avec **aller** + **infinitif**.			
• Je sais demander la direction.			
• Je sais donner une recette en utilisant les partitifs.			
• Je sais interroger quelqu'un sur ses loisirs.			
• Je sais indiquer la direction à quelqu'un.			
• Je sais proposer un rendez-vous à quelqu'un.			
• Je sais expliquer ce qu'est une saine alimentation.			
III. OBJECTIFS LEXICAUX			
• Je peux demander/dire l'heure.			
• Je peux dire ce qu'il y a dans ma ville : cafés, magasins, etc.			
• Je peux dire le nom de certains fruits et légumes.			
IV. OBJECTIFS GRAMMATICAUX			
• Je sais conjuguer les verbes **finir**, **sortir**, **dormir**, **prendre**.			
• Je sais employer les adjectifs possessifs.			
• Je sais poser les trois types de questions.			
• Je sais construire des phrases avec le futur en **aller** + **infinitif**.			
• Je sais conjuguer les verbes **suivre** et **vivre**.			
• Je sais conjuguer les verbes **pouvoir**, **vouloir**, **devoir**, **recevoir**.			

	🙂	😐	🙁
IV. OBJECTIFS GRAMMATICAUX (SUITE)			
• Je sais conjuguer les verbes **payer**, **envoyer**, **nettoyer**.			
• Je sais construire des phrases en **si**.			
• Je sais conjuguer les verbes **boire**, **mettre**, **dire**, **lire**.			
• Je sais conjuguer les verbes au passé composé.			
• Je sais employer des phrases au passé composé.			
V. OBJECTIFS CULTURELS			
• Je peux citer deux titres de BD francophones.			
• Je peux nommer deux villes de la France d'outre-mer.			

Hier, c'est du passé

Et la vie, ça va ?

) APPRENEZ DE NOUVEAUX MOTS

1 Associez les chiffres avec les lettres.

1. Ne quittez pas !

2. Sa ligne est occupée,

3. Je ne sais pas si elle est là.

4. Il n'y a pas de Dufour ici.

5. Excusez-moi, je n'ai pas bien entendu.

a) Pourriez-vous répéter ?

b) Vous vous êtes trompé de numéro.

c) Qui est à l'appareil ?

d) Je vous le passe.

e) voulez-vous qu'il vous rappelle ?

2 Chassez l'intrus.

1. examen ▮ problème ▮ devoirs ▮ professeur

2. organiser ▮ revoir ▮ planifier ▮ prévoir

3. magasin ▮ journal ▮ revue ▮ magazine

4. commerce ▮ client ▮ vendeur ▮ ouvrier

5. directeur ▮ assistant ▮ secrétaire ▮ employé

3 Trouvez le verbe ou l'expression appropriés.

1. Monsieur Fourtou est directeur de la compagnie Sac et Sacoche. Il _____ 350 employés.

2. Maud est chercheuse au CNRS, à Paris. Son métier est de faire _____ .

3. L'assistante n'a plus de voix. Elle a passé sa journée à _____ au téléphone.

4. L'acteur _____ la comédie.

5. Le technicien n'a pas encore _____ la photocopieuse.

4 Devinette. Qu'est-ce que c'est ? Relisez les dialogues des pages 126 et 127 du manuel.

1. Synonyme de « les nouvelles » _____

2. Un coup de téléphone _____

3. Le contraire de « baisser » _____

4. Difficile à satisfaire _____

5. Être disponible _____

) OBSERVEZ ET EMPLOYEZ LES STRUCTURES

1 LES TEMPS DES VERBES

1.1 Mettez les verbes au présent.

1. Tu (avoir) _____ quel âge ?

2. Nous (être) _____ brésiliens.

3. Elles (choisir) _____ du vin rouge.

4. Le gouvernement (se réunir) _____ une fois par semaine.

5. Vous (prendre) _____ votre dîner chez vous ?

6. Mes parents (adorer) _____ les longues promenades en forêt.

7. Je (maigrir) _____ toujours en été.

8. Les jeunes (lire) _____ peu aujourd'hui.

1.2 Complétez les phrases avec les verbes appropriés.

○ partir	○ boire	○ dire	○ s'entraîner	○ écrire	○ connaître
○ avoir	○ vouloir	○ aller	○ jouer	○ devoir	

1. Est-ce que tu _____ vraiment partir maintenant ?

2. Nous _____ visiter la Gaspésie, cet été.

3. Le professeur _____ toujours : « Faites vos exercices ! »

4. Rachel _____ très bien du piano.

5. Les athlètes _____ six heures par jour.

6. Tu _____ chaud ? Qu'est-ce que tu _____ ?

7. Les étudiants _____ une dissertation.

8. Tu _____ Mylène ? C'est la nouvelle assistante de français.

9. Vous _____ à 8 heures ? Mais il y a toujours de la circulation.

10. Ils _____ à la discothèque à minuit.

1.3 Conjuguez les verbes.

1. Qu'est-ce que vous (faire) _____ ce soir ?

2. Nous (demander) _____ le silence.

3. Je (sortir) _____ tous les soirs.

4. Elles (recevoir) _____ beaucoup de courrier.

5. Tu (venir) _____ d'où ?

6. Jean (pouvoir) _____ faire ce travail.

7. Il (exiger) _____ le silence.

8. Vous (devoir) _____ déjà partir ?

9. Patrick (répondre) _____ au téléphone.

10. Tu (voir) _____ ? Tu n'(être) _____ jamais content.

1.4 Complétez les phrases avec le verbe approprié.

○ envoyer	○ célébrer	○ venir	○ répéter	○ partir
○ étudier	○ avoir	○ être	○ préférer	

1. Nous _____ les fêtes en famille.

2. Vous _____ le thé, vraiment ?

3. Les acteurs _____ leur rôle.

4. Lise _____ un paquet par la poste.

5. Tu _____ à ma fête d'anniversaire ?

6. Il _____ en colère. Il _____. Quel dommage !

7. Patricia _____ beaucoup. Elle _____ de bonnes notes.

1.5 Répondez aux questions suivantes par la forme négative.

1. Est-ce que tu travailles beaucoup ? _____

2. Vous aimez l'opéra ? _____

3. Fait-elle de l'alpinisme ? _____

4. Est-ce que Tia a des amis en Côte-d'Ivoire ? _____

_____

5. Il s'appelle René ? _____

6. Écris-tu des courriels en français ? _____

_____

7. Pouvez-vous faire de l'acrobatie ? _____

_____

8. Est-ce que les employés dorment tard pendant la semaine ? _____

_____

2 L'INTERROGATION

2.1 Reformulez les questions suivantes puis répondez-y.

1. Tu sors ce soir ? _____

_____

2. Est-ce que tu pratiques un sport ? _____

3. Où vas-tu pendant les vacances ? _____

4. Quand est-ce que tu es né ? _____

5. D'où viens-tu ? _____

6. Tu viens aux cours comment ? _____

7. Pourquoi est-ce que tu étudies le français ? _____

8. Parles-tu plusieurs langues ? _____

2.2 **Posez les questions correspondant aux réponses suivantes.**

1. Je vais aller au cinéma. _____

2. Nous aimons la musique classique. _____

3. Parce que je déteste la nourriture indienne. _____

4. À Caracas, au Venezuela. _____

5. Je préfère l'eau minérale gazeuse. _____

6. J'ai 31 ans. _____

7. J'habite au centre-ville. _____

8. Je pars à 5 heures. _____

3 LES PRONOMS TONIQUES

3.1 **Complétez les phrases suivantes avec le pronom tonique qui convient.**

1. Mélanie, _____, lit les journaux.

2. Tia et Mélanie, _____, ils vont aller danser ce week-end.

3. _____, nous devons faire du sport.

4. _____, je suis très contente mais _____, elle est triste.

5. Non, _____, vous n'allez pas participer au concours de natation.

6. Oui, bien sûr, _____, elles peuvent venir.

4 LES VERBES RÉPÉTER, PRÉFÉRER, ETC.

4.1 Complétez les phrases avec le verbe qui convient.

○ répéter	○ préférer	○ célébrer	○ posséder	○ prêter

Mes amis _____ (1) un yacht magnifique mais ils _____ (2) la montagne. Je leur _____ (3) toujours : « Échangeons ! Je vous _____ (4) mon chalet dans les Alpes et vous me prêtez votre yacht. » Nous _____ (5) un anniversaire important l'été prochain, alors ils vont peut-être accepter ma proposition.

5 HABITER EN, AU + PAYS

5.1 Complétez avec la préposition en, au, à ou aux.

1. Nous sommes américains, nous habitons _____ États-Unis.

2. _____ Cuba, la musique est très belle.

3. _____ Asie, il y a eu beaucoup de catastrophes naturelles.

4. Paolo habite _____ Mexico _____ Mexique.

5. Je parle français et anglais : j'habite _____ Canada.

6. Vous étudiez _____ Portugal ou _____ Espagne ?

6 ALLER + À, AU, À LA, À L', AUX

6.1 Faites huit phrases avec les éléments du tableau.

Nous	aller	à	discothèque
Patricia		au	musée
Les employés		à la	piscine
Vous		à l'	mer
		aux	restaurant
			Pays-Bas
			Dakar
			bureau
			université
			magasins

1. _____

2. _____

3. _____

4. _____

5. _____

6. _____

7. _____

8. _____

6.2   Complétez les phrases avec la préposition qui convient.

1. Patricia va _____ Madagascar pour son travail.

2. _____ Suisse et _____ Belgique, il y a de bons chocolats.

3. On parle français _____ Maroc, _____ Algérie et _____ Tunisie.

4. La Semaine du goût a lieu _____ France au début du mois d'octobre.

5. On parle le créole français _____ Louisiane et _____ Haïti.

6. Samuel de Champlain meurt _____ Québec en 1635.

7. Amin Maalouf est né _____ Beyrouth, _____ Liban, en 1949.

8. _____ Luxembourg, on célèbre la fête nationale le 23 juin.

7   LES VERBES PRONOMINAUX

7.1   Complétez les phrases avec les verbes appropriés.

○ se maquiller	○ s'inquiéter	○ se moquer
○ s'occuper	○ se souvenir	○ se brosser

1. Les parents _____ pour leurs enfants.

2. Les infirmiers _____ des blessés.

3. Tu _____ les dents avant d'aller chez le dentiste ?

4. Vous _____ de moi ? Vous n'avez pas fait vos devoirs ?

5. Elle ne _____ jamais. Elle est très naturelle.

6. Nous _____ de ce voyage magnifique.

8   LES VERBES SAVOIR ET CONNAÎTRE

8.1   Complétez les phrases avec les verbes savoir et connaître.

1. Tu ne _____ pas ma sœur ?

2. Non, je ne _____ pas quel est son nom.

3. Vous _____ parler combien de langues ?

4. Elle _____ très bien cette ville. Elle y est née.

5. Nous _____ très bien danser le rock.

6. Ils _____ cet acteur.

9 L'ACCORD DE L'ADJECTIF

9.1 Accordez les adjectifs. Attention à leur place.

1. Voici Marion, c'est une étudiante (bon). _____

2. Nous suivons des cours (ennuyeux). _____

3. C'est une jupe (joli) mais elle est (court). _____

4. J'ai une voisine (gentil) et (aimable). _____

5. Regarde mon appareil photo (nouveau). _____

6. Ces filles (petit) sont (imprudent). _____

10 LES ADJECTIFS POSSESSIFS

10.1 Complétez les phrases avec un adjectif possessif.

1. Voici Vanessa et _____ amis.

2. Les étudiants sont fatigués. _____ examens commencent demain.

3. _____ frère et moi avons de la chance. _____ parents sont très gentils.

4. Messieurs Dames bonjour. Préparez _____ papiers.

5. Les Durand ont deux enfants. _____ enfants s'appellent Nathan et Pierre.

6. Carole et André entrent dans _____ voiture.

7. _____ cousine Claude est vraiment égoïste!

8. Allô Paul? Merci de _____ invitation. Je viens bien sûr.

11 LES PARTITIFS

11.1 Complétez le paragraphe suivant avec du, de la, de, des ou de l'.

C'est la semaine santé à l'université. Les étudiants ne consomment pas _____ (1) frites, _____ (2) nourriture rapide ou _____ (3) boissons gazeuses. Ils mangent _____ (4)

produits naturels c'est-à-dire _____ (5) légumes, _____ (6) fruits, _____ (7) viande maigre et _____ (8) poisson bien sûr. Ils boivent beaucoup _____ (9) thé et peu
_____ (10) café. Ils préfèrent consommer _____ (11) jus de fruits naturel et _____ (12)
eau minérale. Peut-être qu'à la fin de la semaine, les habitudes alimentaires de quelques étudiants vont
changer.

12 L'IMPÉRATIF

12.1 Répondez en donnant l'ordre correspondant. Voici quelques verbes possibles.

○ se reposer	○ partir en vacances	○ penser à sa santé
○ être plus généreux/ouvert	○ cuisiner	○ travailler plus
○ faire plus d'effort	○ prendre son temps	○ aller se coucher plus tôt

1. Je suis fatigué. _____

2. Je travaille trop. _____

3. Nous mangeons mal. _____

4. Nous buvons trop de café. _____

5. Nous avons de mauvaises notes. _____

6. Mon directeur n'est pas satisfait de mon travail. _____

7. Nous sortons trop souvent le soir. _____

8. Je n'ai plus d'amis. _____

13 LES ADJECTIFS DÉMONSTRATIFS

13.1 Complétez les phrases avec l'adjectif démonstratif qui convient.

1. Est-de que tu as lu _____ nouvelle?

2. Je n'aime pas du tout _____ journal. Il n'est pas objectif.

3. _____ enfant m'inquiète beaucoup.

4. _____ animaux sont malheureux. Il faut les sauver.

5. _____ voyage a été magnifique.

6. Vous vous souvenez de _____ histoire?

14 MOI AUSSI, MOI NON PLUS

14.1 Répondez en commençant vos phrases par moi aussi ou moi non plus.

1. J'aime beaucoup étudier, et toi? _____

2. Elle habite dans un pays chaud, et toi? _____

3. Je ne veux pas me marier, et toi?

4. Tia ne lit pas le journal, et toi?

15 SI, NON

15.1 Répondez aux questions par moi non ou par moi si.

1. Nous allons souvent à la plage, et toi?

2. Nous allons déménager en Europe, et toi?

3. Nous ne parlons pas anglais, et toi?

4. Mélanie a cinq cours, et toi?

16 LE FUTUR AVEC ALLER + INFINITIF

16.1 Conjuguez les verbes aux temps indiqués.

	Présent	Impératif	Futur avec «aller»
répondre	Tu	Singulier	Tu
choisir	Je	(Nous)	Je
sentir	Vous	Singulier	Vous
faire	Vous	(Nous)	Vous
descendre	Ils	(Vous)	Ils
comprendre	Nous	Singulier	Nous
savoir	On	(Vous)	On
connaître	Il	(Nous)	Il
pouvoir	Je	(Vous)	Je
boire	Elle	Singulier	Elle
mettre	Tu	(Nous)	Tu

17 LE PASSÉ COMPOSÉ

17.1 Mettez les verbes en gras au passé composé.

1. Antoine de Saint-Exupéry **naît** à Lyon, le 29 juin 1900.

2. Il **habite** chez sa tante, près d'Ambérieu.

3. Il **étudie** à Sainte-Croix, en Suisse.

4. En 1921, il **fait** son service militaire à Strasbourg, dans l'armée de l'air. Il y **apprend** à piloter.

5. Au sortir de l'armée, en 1923, il **fait** différents métiers.

6. Il **se met** à écrire et **publie**, en 1925, son premier récit.

7. En 1926, Saint-Exupéry **entre** chez Latécoère, société d'aviation, comme pilote.

8. Il **écrit** *Le Petit Prince* en 1943.

17.2   Mettez les verbes au temps qui convient.

1. La semaine prochaine, nous (partir) _____ en vacances.

2. Je/J'(lire) _____ un livre intéressant pendant le dernier semestre.

3. Le festival de jazz (avoir lieu) _____ à Montréal, tous les ans, au mois de juillet.

4. (Répondre) _____ ! Le téléphone (sonner) _____ .

5. Est-ce que je (pouvoir) _____ parler à madame Delpêche ?

6. Il (pleuvoir) _____ demain. Nous (ne pas pouvoir) _____
_____ faire du canot.

7. (Se dépêcher) _____ ! Tu vas être en retard.

8. Je (arriver) _____ en retard à l'examen. Je n'ai pas eu le temps de finir.

18 LES PRONOMS COD : LE, LA, LES

18.1   Répondez aux questions avec le pronom COD le, la, l' ou les.

1. Tia lit le journal ? _____

2. Tia et Mélanie prennent la voiture de Tia ? _____

3. Patrick prépare le dossier ? _____

4. Vous prenez le métro le matin ? _____

5. Vous achetez le pain où ? _____

6. Vous invitez vos amis souvent ? _____

7. Vous visitez la galerie d'art quelquefois ? _____

8. Vous lisez les étiquettes des produits au supermarché ? _____

19 LES PRONOMS EN ET Y

19.1 Répondez aux questions avec le pronom personnel en ou y.

1. Combien de cours avez-vous ? _____

2. Êtes-vous allé(e) en Martinique ? _____

3. Combien de sœurs avez-vous ? _____

4. Vous venez du restaurant ? _____

5. Tu habites au centre-ville ? _____

6. Tu as un chien ? _____

7. Tu as besoin du livre de maths ? _____

8. Vous travaillez à l'aéroport ? _____

) RÉDIGEZ

1 Écrivez un courriel à vos parents. Racontez-leur quel est votre programme pour le week-end, quelles activités vont avoir lieu sur le campus, avec qui vous comptez y aller… Utilisez le futur proche.

2 Vous cherchez du travail. Rédigez une annonce. Parlez de vous, de vos champs d'intérêt, de vos qualités et même de vos défauts. Définissez quel type de travail vous cherchez.

) PRONONCEZ

piste 30 **1 Écoutez les mots suivants. Écrivez la liaison et répétez. Attention, il y a des h muets et des h aspirés.**

1. des héros

2. des hôtels

3. des hortensias

4. des harpies

5. des haricots

6. des hors-d'œuvre

7. des hibiscus

8. des hippopotames

piste 31 **2 Dites si le h est aspiré ou muet.**

	1	2	3	4	5	6
h aspiré *(On ne fait pas la liaison.)*						
h muet *(On fait la liaison.)*						

piste 32   3.   **Indiquez le verbe que vous entendez.**

	1	2	3	4	5	6	7	8	9	10
avoir										
boire										
choisir										
dépêcher (se)										
entendre										
envoyer										
être										
faire										
pouvoir										
rester										
vouloir										

piste 33   4.   **Faites correspondre les messages des répondeurs que vous entendez avec les réponses suivantes.**

1. _____

   a) Bonjour, je cherche Caroline Dupuis. Je ne suis pas sûr de son numéro de poste et je voudrais confirmer mon rendez-vous de demain mardi à 15 h 30. Merci. Au revoir.

2. _____

   b) C'est madame Desjardins à l'appareil. Je voudrais prendre rendez-vous pour mon fils avec le docteur Mina. Rappelez-moi au 516 562-4227.

3. _____

   c) Ce message est adressé à Alain. C'est Viviane à l'appareil. Je suis désolée, mais je ne peux pas venir avec toi à ce séminaire. Peux-tu me rappeler pour confirmer que tu as bien eu ce message?

4. _____

   d) Encore un nouveau message? Maryse, rappelle-moi, tu as oublié notre présentation pour le cours d'histoire et j'ai dû la faire seul. Le prof est furieux et moi aussi.

piste 34   5.   **LES HOMOPHONES**   **Écoutez les phrases et écrivez mais, mets, met ou mes.**

Il fait très froid. _____ (1) ton manteau d'hiver, _____ (2) ne _____ (3) pas le rouge. Si tu veux, tu peux aussi mettre _____ (4) gants. _____ (5) aussi la nouvelle écharpe, _____ (6) ne l'oublie pas en classe. Ne touche pas à _____ (7) affaires, sans me demander la permission. J'ai remarqué que tu _____ (8) toujours _____ (9) gants.

_____ (10) amis n'aiment pas _____ (11) tableaux, _____ (12) ils dessinent tous comme moi.

Mon père _____ (13) la table à 5 heures, _____ (14) nous mangeons toujours à 8 heures.

Elle _____ (15) toujours la même robe noire, _____ (16) elle ne _____ (17) jamais le même chemisier.

_____ (18) qu'est-ce que tu fais? Ne _____ (19) pas _____ (20) livres par terre!

J'invite souvent _____ (21) voisins, _____ (22) ils ne m'invitent jamais.

) LISEZ

1. Lisez le texte suivant.

Déjeuner du matin

Il a mis le café
Dans la tasse
Il a mis le lait
Dans la tasse de café
Il a mis le sucre
Dans le café au lait
Avec la petite cuiller
Il a tourné
Il a bu le café au lait
Et il a reposé la tasse
Sans me parler
Il a allumé
Une cigarette
Il a fait des ronds
Avec la fumée
Il a mis les cendres
Dans le cendrier
Sans me parler
Sans me regarder
Il s'est levé
Il a mis
Son chapeau sur sa tête
Il a mis
Son manteau de pluie
Parce qu'il pleuvait
Et il est parti
Sous la pluie
Sans une parole
Sans me regarder
Et moi j'ai pris
Ma tête dans ma main
Et j'ai pleuré.

Jacques PRÉVERT, *Paroles,*
© 1972, Éditions Gallimard.

Tous les chemins mènent à la mer

) APPRENEZ DE NOUVEAUX MOTS

1 Mettez les phrases dans l'ordre.

1. Guadeloupe | pu | en | aller | nous | n' | pas | avons _____

_____

2. jointe | envoyé | j' | document | en | ai | un | pièce _____

3. dernière | dormi | la | j' | mal | ai | nuit _____

4. avons | billets | cet | réservé | d'avion | nous | été | nos | pour _____

_____

5. pas | écrit | lui | pourquoi | elles | ont | ne ? _____

_____

2 Qu'est-ce que vous faites pendant vos vacances ? Faites des phrases. Attention à l'adjectif possessif.

1. envoyer des cartes postales à ses amis _____

2. téléphoner à ses parents _____

3. acheter des souvenirs pour ses collègues, ses amis et ses parents _____

_____

4. payer ses factures _____

3. Chassez l'intrus.

1. courriel | message électronique | document | lettre _____

2. CV | éducation | annonce | étudier _____

3. camping | ski | plage | sable _____

4. naviguer | sauvegarder | exprimer | imprimer _____

5. envoyer | se renseigner | réserver | payer _____

4. Devinette. Qu'est-ce que c'est ? Relisez les dialogues des pages 144 et 145 du manuel.

1. Document ou dossier qui contient les indications sur votre nom, vos études, votre expérience de travail

_____

2. Le contraire de l'enfer _____

3. Action de confirmer _____

4. Le contraire de trouver _____

5. Appuyer sur le bouton de la souris _____

6. Synonyme de vis-à-vis _____

5. Complétez l'exercice avec les mots suivants.

○ paysages	○ avons navigué	○ forfaits
○ faire du camping	○ déguster	○ région
○ bronzer	○ un feu de bois	○ monuments

Nous avons décidé d'organiser des vacances exotiques. Nous _____ (1)

sur Internet et nous avons trouvé beaucoup de _____ (2) à des prix différents. C'est très

difficile de choisir. Nous voulons rencontrer des autochtones, découvrir des _____ (3),

manger des spécialités de la région. Il y a beaucoup de possibilités. Est-ce qu'il faut aller en Inde ? Faut-il

loger chez l'habitant ou _____ (4) ? Préférons-nous visiter des

_____ (5) historiques ou faire des randonnées en pleine nature ? Moi, j'ai plutôt envie

de me reposer, de _____ (6) de petits vins locaux et de _____ (7)

sur une plage. Mais Julien, lui, préfère les découvertes. Il veut prendre une carte de la _____

(8) et partir en excursion à pied avec son sac à dos. Trouver un endroit agréable, monter la tente et cuisi-

ner sur _____ (9). Je ne sais pas, qu'est-ce que tu me conseilles ?

)OBSERVEZ ET EMPLOYEZ LES STRUCTURES

1 LE PASSÉ COMPOSÉ

1.1 Trouvez l'infinitif des verbes au passé composé.

1. Nous sommes arrivés vers 5 heures.

2. Ils sont tous partis après minuit.

3. Hier, Jacques est sorti pour aller voir un film.

4. Le voleur est entré par la porte de derrière.

5. Je ne suis pas allée à la montagne. Je suis restée chez moi.

6. Vous vous êtes promenés sous la neige, à minuit.

7. Où es-tu né ?

8. Elles ont lu toute la nuit.

9. As-tu pu retrouver le document ?

10. S'est-il rasé ce matin ?

1.2 Complétez les phrases suivantes avec l'auxiliaire être ou avoir.

1. Nous _____ allés à l'exposition.

2. Vous _____ envoyé votre lettre ?

3. Comment, tu n' _____ pas encore parti ?

4. Sabine et Bruno _____ trouvé un hôtel sympa.

5. Je/J' _____ mangé des fruits de mer tous les jours.

6. Ils _____ voulu faire le tour du monde avant d'étudier.

7. Christophe Colomb _____ découvert l'Amérique.

8. Tu t' _____ endormie très tard.

9. Elles _____ vendu leur maison.

10. Amar s' _____ réveillé en retard.

1.3 Faites des phrases interrogatives au passé composé.

1. arriver en retard (pourquoi) _____

2. oublier ses clés (où) _____

3. passer ses vacances (où) _____

4. entendre les nouvelles (où) _____

5. recevoir la lettre (quand) _____

6. faire suivre ce document (comment) _____

1.4 Complétez les phrases avec le verbe approprié au passé composé.

○ voir	○ faire	○ entendre	○ dire
○ comprendre	○ lire	○ prendre	

1. Vous _____ la bonne nouvelle ?

2. Tu n' _____ pas _____ ce livre ?

3. Madame, je n' _____ pas _____ . Pouvez-vous répéter la question ?

4. Ce matin, je n' _____ pas _____ pas mon petit-déjeuner. J'ai faim.

5. Elles _____ ce film dans l'avion.

6. Il _____ d'étudier ce chapitre pour demain.

7. Nous n' _____ pas _____ de ski.

1.5 Donnez le présent ou le passé composé de ces verbes.

Présent	Passé composé
	Nous avons fait
Elle écrit	
	Vous avez téléphoné
Ils viennent	
	J'ai pris
Tu pars	
	Nous avons entendu
Vous voulez	
	Il a vécu
Tu dois	
	Ils ont pu

1.6 Mettez ces questions au passé composé.

1. Comment est-ce que tu viens au bureau ? _____

_____

2. Quand est-ce que tu pars ? _____

3. Pourquoi tu vas à Montréal ? _____

_____

4. Tu restes chez toi ? _____

5. Vous lisez le journal ? _____

6. Recevez-vous des amis chez vous ? _____

_____

7. Tu déjeunes à quelle heure? _____

_____

8. Quand tes parents arrivent-ils? _____

_____

1.7 **Complétez les phrases en conjuguant le verbe au passé composé. Attention à l'accord.**

1. Camille et Laure (naître) _____ à Paris.

2. Jean-Luc et Juliette (partir) _____ en vacances.

3. Elle (venir) _____ en métro.

4. René et Christophe (tomber) _____ en faisant du ski.

5. Hier, Monique (rentrer) _____ très tard.

1.8 **Vous préparez vos vacances. Mettez les phrases suivantes dans l'ordre.**

1. Nous avons vérifié les prix et nous avons décidé de suivre ses conseils.
2. L'hiver a été long et j'ai besoin de partir en vacances au soleil.
3. Alors, nous avons fait quelques courses indispensables: un maillot de bain, de la crème solaire, un chapeau, des lunettes de soleil.
4. Nous avons fait nos valises et en route pour l'aéroport.
5. Nous n'avons pas oublié le guide touristique pour les visites des monuments historiques.
6. Nous sommes entrés chez notre agent de voyages et il nous a proposé de partir sur une île aux Caraïbes: soleil, plage et mer bleue.
7. Quel plaisir de quitter la pluie pour la chaleur!

Réponse: _____

1.9 **Mettez les verbes au passé composé.**

1. Marion et Vincent (trouver) _____ du travail au Cirque du Soleil.

2. Sabine (bien s'amuser) _____ en Guadeloupe pendant les vacances.

3. Ils (pouvoir) _____ dormir tard pendant le week-end.

4. Vous (recevoir) _____ le dossier?

5. Les alpinistes (descendre) _____ de la montagne à cause du mauvais temps.

6. Patricia, tu (réussir) _____ ton examen?

7. Nous (lire) _____ toute la journée.

8. J' (devoir) _____ partir très tôt ce matin.

2 LES PHRASES NÉGATIVES

2.1 **Répondez à la forme négative: ne... jamais, ne... plus, ne... pas, ne... rien ou ne... personne.**

1. Vous entendez quelque chose? _____

2. Tu invites souvent tes voisins? _____

3. Il y a quelqu'un? _____

4. Tu connais quelqu'un dans cette ville? _____

_____

5. Est-ce que vous entendez du bruit la nuit? _____

_____

6. Tu vas au bar quelquefois? _____

7. Michel travaille toujours à la poste? _____

_____

8. Tu as une voiture? _____

2.2 Mettez les phrases à la forme affirmative.

1. Elle ne lit jamais le journal dans le métro.

_____

2. Laurent ne joue jamais au basket. _____

_____

3. Tu ne le dis à personne. _____

4. La bibliothèque n'est pas encore fermée. _____

_____

5. Béatrice ne va jamais à la discothèque. _____

_____

6. Nous ne buvons rien. _____

7. Il n'y a personne. _____

8. Elle ne rit jamais. _____

2.3 Répondez aux questions suivantes par une phrase négative. Remplacez les mots en gras par un pronom COD.

Avez-vous lu le programme? Non, je ne l'ai pas lu.

1. Connais-tu **Grégoire**? _____

2. As-tu pris **mon stylo**? _____

3. Est-ce que vous utilisez **l'ordinateur**? _____

4. Est-ce que tu as vu **le dernier film d'Almodovar**? _____

_____

5. Avez-vous trouvé **votre livre**? _____

2.4 Complétez le dialogue. Martin est toujours positif et Simone est toujours négative.

Simone : Tu n'es pas prêt?

Martin : _____. Et toi?

Simone : _____ .

Martin : Tu ne veux pas aller au restaurant ?

Simone : _____ . Et toi ?

Martin : _____ . J'ai envie de manger du poisson.

Simone : Du poisson ?

Martin : Pourquoi, tu n'aimes pas le poisson ?

Simone : Je déteste ça.

▣ LES PRONOMS COMPLÉMENTS D'OBJET INDIRECTS (COI) :
ME, TE, LUI, NOUS, VOUS, LEUR

3.1 Répondez en utilisant un pronom.

1. Est-ce que tes enfants téléphonent souvent à leur grand-père ? Oui, _____

_____

2. Est-ce que ma mère a appelé ce matin ? Oui, _____

3. Tu parles tous les soirs à ta petite amie ? Oui, _____

4. Vous m'avez écrit une lettre ? Non, _____

5. Est-ce que l'assistante a demandé aux participants de sortir ? Oui, _____

_____

6. Tu envoies des cartes postales à tes amis ? Non, _____

_____

3.2 Que remplacent les pronoms ? Associez les chiffres avec les lettres.

1. Oui, je la regarde.   a) à Jacques

2. Non, je ne la connais pas.   b) le journal

3. Elle lui téléphone tous les jours.   c) cette histoire

4. Nous l'utilisons sans arrêt.   d) l'imprimante

5. Le professeur lui explique la leçon.   e) à sa mère

6. Ma mère le lit de temps en temps.   f) la télévision

▣ EXERCICES VARIÉS

4.1 Complétez le dialogue suivant de façon logique.

Sophie : _____ .

Didier : Je suis d'accord. Moi aussi, je suis fatigué et j'ai besoin de vacances.

Sophie : Aujourd'hui, j'ai navigué sur Internet. Regarde ces forfaits !

Didier : _____.

Sophie : On peut changer un peu. Je ne veux pas passer toutes mes vacances à bronzer et à ne rien

faire. _____.

Didier : Non, moi, je ne veux pas visiter de monuments historiques et faire des randonnées.

_____

_____.

Sophie : Bon, c'est entendu, je vais partir avec Patricia. Elle aime le tourisme, elle !

Didier : Tu me remplaces facilement, non ? Eh bien, _____

_____

_____.

Sophie : _____.

4.2 Répondez en utilisant des pronoms COD.

1. Est-ce que tu as pris le métro ce matin ? Oui, _____.

2. Vous avez lu le journal ? Non, _____.

3. Tu as vu Paul ? Oui, _____.

4. Olivier et Lucien ont fini le rapport ? Oui, _____.

5. Vous voyez vos amis le week-end ? Non, _____.

4.3 Imaginez ce que le pronom remplace.

› Je **la** regarde tous les soirs.   **La télévision.**

1. Je **les** invite tous les mois. _____.

2. Elles **l'**écoutent le matin. _____.

3. Je **la** trouve intéressante. _____.

4. Non, je ne **les** fais pas tous les soirs. _____.

5. Nous **la** connaissons très bien. _____.

4.4 Remplacez le COD par un pronom en suivant l'exemple.

› Prends ton sac.   **Prends-le.**

1. Mets ton manteau avant de sortir. _____.

2. Écoute tes professeurs. _____.

3. Ne prends pas mon parapluie. _____.

4. Classe les documents. _____.

5. N'achetez pas ce disque. _____.

6. Essaie ces lunettes. _____.

) RÉDIGEZ

1. **Martine est rentrée de vacances. À partir des renseignements suivants, écrivez ce qu'elle fait avant de partir en vacances, pendant les vacances et après les vacances. Utilisez le passé composé ainsi que les expressions** d'abord, ensuite, lundi, mardi, mercredi, etc.

Avant de partir	Pendant les vacances	Après les vacances
• Se renseigner sur les vols ou l'horaire des trains ou des avions	• Envoyer des cartes postales	• Faire la lessive
• Vérifier les prix et choisir le voyage le moins cher	• Téléphoner à ses parents	• Téléphoner à tout le monde
• Réserver un billet d'avion ou de train, une chambre d'hôtel	• Acheter des souvenirs à ses collègues, ses amis et ses parents	• Reprendre le travail
• Louer une voiture	• Payer tous les frais	• Payer les dernières factures
• Aller au bureau du tourisme		
• Payer le loyer et les factures (de téléphone, d'électricité) avant de partir		

_____

_____

_____

_____

_____

_____

_____

_____

_____

_____

_____

_____

2 **Lisez les petites annonces suivantes. Choisissez une annonce et répondez-y. Écrivez votre CV et une lettre pour l'accompagner.**

Si vous êtes sympathique, énergique, plein d'initiative et que vous cherchez
à passer des vacances agréables, venez aux îles Seychelles.

CHERCHONS ANIMATEUR D'ACTIVITÉS SUR LES PLAGES.

Écrivez à l'agence de voyages.
Vacances au Soleil
35, rue de la Mer

ASSOCIEZ EFFICACITÉ ET CRÉATIVITÉ !

**Venez expérimenter un restaurant unique.
Nous avons besoin de vos talents de chanteur et de serveur.**

Si vous débordez d'imagination, écrivez à :
Dîner-Danse
25, rue de l'Artiste

) PRONONCEZ

piste 35   1 **Écrivez la phrase que vous entendez.**

1. _____

2. _____

3. _____

4. _____

5. _____

6. _____

piste 36   2 **Écrivez les mots manquants que vous entendez.**

Ma _____ n'aime pas trop la _____ , mais elle aime se promener le

long de la plage, au mois de _____ . Elle _____ toujours son chapeau

rose, même quand il ne fait pas soleil. Mon père est le _____ de la ville. Mes amis trou-

vent que j'ai de la chance. Moi, je trouve que lorsqu'on a une _____ qui n'aime pas la

_____ et un père qui est _____ , ce n'est pas la mer à boire.

piste 37   3 **LES HOMOPHONES** **Écoutez les phrases et écrivez sa ou ça.**

1. _____ sert à quoi ?

2. Il a fait _____ promenade quotidienne. Il aime beaucoup _____ .

3. Elle part en vacances avec _____ mère.

4. Ton nouvel appareil, _____ marche bien?

5. Elle mange _____ soupe.

6. _____ va ou _____ ne va pas?

7. Deux euros, _____ fait combien en dollars?

8. _____ chambre est très petite, mais très jolie.

9. _____ ne fait rien.

10. J'ai vu _____ voiture rouge.

11. _____ sœur ne travaille pas beaucoup. _____ ne va pas.

⟩ LISEZ

Économie

Qu'est-ce que l'économie? Les définitions sont nombreuses et ne recouvrent pas toujours le même objet. Pour Lionel Robbins, l'économie est «la science qui étudie le comportement humain comme une relation entre des fins et des moyens rares qui ont des usages alternatifs». Selon lui, il s'agit de la science qui étudie les choix contraints des individus et le problème de l'allocation de ressources rares. Elle s'efforce pour cela d'expliquer le réel à partir d'hypothèses simples concernant le comportement humain: rationalité, recherche de l'intérêt personnel. C'est le modèle de l'*homo œconomicus* qui maximise son utilité individuelle sous une contrainte de ressource: égoïste par nature, il est doté de possibilités de calcul sans limite. Les économistes font manœuvrer ce Robinson Crusoé pour étudier comme dans un laboratoire la logique pure du choix. L'échange fait le lien entre la production et la consommation. L'étude des principes qui gouvernent la circulation des marchandises constitue la base de la théorie économique. Les participants à l'échange sont décrits à partir des comportements respectifs des consommateurs (les ménages) et des producteurs (les entreprises).

Frédéric TEULON, *Introduction à l'économie*,
© PUF, coll. «Que sais-je?», n° 2568, 3e éd., 1992.

Des goûts
et des couleurs

) APPRENEZ DE NOUVEAUX MOTS

1 Chassez l'intrus.

1. appartement | resto U | cave | maison

2. canapé | fauteuil | télévision | chaise

3. lit | bureau | table de chevet | cuisine

4. cave | garage | rez-de-chaussée | bureau

5. demandait | étions | faisiez | regardez

2 Choisissez parmi les meubles de la liste suivante des meubles pour une chambre à coucher, un bureau et un salon. Attention, vous ne pouvez vous servir de chaque meuble qu'une seule fois. Dessinez-les sur le plan et expliquez votre choix à votre voisin.

○ canapé	○ lit	○ bibliothèque	○ bureau	○ tableau
○ table basse	○ table de chevet	○ lampe	○ chaise	○ miroir
○ fauteuil	○ commode	○ tapis	○ télévision	○ ordinateur

chambre à coucher | bureau | salon

3. Vous avez acheté une nouvelle voiture. Expliquez pourquoi vous avez changé de modèle. Utilisez plus, moins ou aussi... que.

*Ma nouvelle voiture est **plus** rapide que mon ancienne.*

4. Associez les objets avec les matières. Il y a plusieurs possibilités.

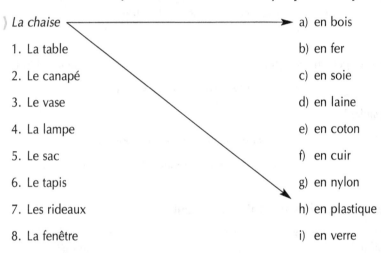

) *La chaise*   a) en bois

1. La table   b) en fer

2. Le canapé   c) en soie

3. Le vase   d) en laine

4. La lampe   e) en coton

5. Le sac   f) en cuir

6. Le tapis   g) en nylon

7. Les rideaux   h) en plastique

8. La fenêtre   i) en verre

5. Associez à chaque profession un lieu ou un objet.

○ table d'examen	○ salle de classe	○ réfrigérateur
○ atelier	○ parlement	○ salle de rédaction
○ salle de réunion	○ plan de maison	○ calculatrice

) *Un architecte : **plan de maison***

1. Un ingénieur

2. Un étudiant

3. Une journaliste

4. Un médecin

5. Un politicien

6. Une femme d'affaires

7. Un cuisinier

8. Un artiste

)OBSERVEZ ET EMPLOYEZ LES STRUCTURES

1 LE VERBE OFFRIR AU PRÉSENT ET AU PASSÉ COMPOSÉ

1.1 Conjuguez les verbes entre parenthèses au présent.

1. Tu (ouvrir) _____ ton livre à la page 32.

2. Nous (découvrir) _____ un nouveau pays chaque année.

3. Pourquoi tu (ne pas répondre) _____ au téléphone ? Tu (ne pas entendre)

_____ sonner ?

4. Mon ami m'(offrir) _____ des chocolats pour les fêtes.

5. Elle (apprendre) _____ l'espagnol et le russe. Elle (être) _____

très sérieuse.

6. Dans notre société, de nombreuses personnes (souffrir) _____ de la solitude.

7. Je (ne pas comprendre) _____ ! Pourquoi tu (ne pas vouloir)

_____ travailler ?

8. Vous (pouvoir) _____ venir chez nous vendredi soir pour dîner ?

9. Mélanie (savoir) _____ jouer de la harpe. Quel bel instrument !

1.2 Complétez les phrases avec les verbes suivants au présent.

○ entendre	○ offrir	○ faire	○ souffrir
○ accepter	○ aller	○ réfléchir	○ lire

1. Nous _____ des fleurs à nos amis.

2. Il a eu un accident de voiture. Il _____ beaucoup.

3. Vous _____ notre invitation, c'est gentil.

4. Tu (ne pas) _____ la sonnerie ?

5. Elle (ne pas) _____ avant de parler.

6. Patrick et Michel _____ à la conférence sur l'histoire de l'architecture.

7. Qu'est-ce que tu _____ samedi ?

8. Elles _____ un livre très intéressant.

1.3 Mettez les phrases de l'exercice précédent au passé composé.

1. _____

2. _____

_____

3. _____

4. _____

5. _____

6. _____

7. _____

8. _____

2 L'ACCORD DES PARTICIPES PASSÉS

2.1 Répondez à ces questions en utilisant les pronoms COD. Attention aux accords.

1. Est-ce que tu as acheté ces livres ? Oui, _____ .

2. Vous avez compris la leçon d'aujourd'hui ? Non, _____ .

3. Tu as trouvé tes clés ? Oui, _____ .

4. Elle a rangé sa chambre ? Oui, _____ .

5. Est-ce que vous avez envoyé les lettres ? Non, _____ .

6. Les élèves ont rendu les devoirs ? Oui, _____ .

2.2 Accordez le participe passé si c'est nécessaire.

1. Quand nous nous sommes promené_____ (1) la semaine dernière, nous avons rencontré_____ (2) nos voisins au milieu de la forêt. Nous avons continué_____ (3) notre promenade ensemble, puis nous sommes allé_____ (4) pique-niquer. Nous les avons persuadé_____ (5) de nous accompagner et de partager notre déjeuner. Ils ont accepté_____ (6) et ils nous ont raconté_____ (7) leur voyage en Inde. Ils y sont allé_____ (8) durant l'été 2003 et ils pensaient à tous ces touristes qui y ont perdu_____ (9) la vie lors du tsunami de décembre 2004.

2. Je me souviens de ton arrivée dans le quartier. Tu avais six ans, un an de moins que moi et j'étais heureuse d'avoir enfin une amie dans la même rue que moi. Ce jour-là, tu es venu_____ (10) dans mon jardin et tu m'as demandé_____ (11) si je voulais jouer avec toi. J'étais très timide et toi, tu étais si gaie et si sûre de toi. Nous avons pris_____ (12) des trottinettes et nous les avons essayé_____ (13) dans le jardin public. Nous avons grimpé_____ (14) aux arbres et nous nous sommes balancé_____ (15) sur les grandes balançoires. Nous avons cueilli_____ (16) les cerises de ton jardin et nous les avons mis_____ (17) dans de grands paniers. Tu m'as raconté_____ (18) des blagues et j'ai ri_____ (19) et ri_____ (20) sans fin. Je t'ai présenté_____ (21) à tous mes amis et depuis ce jour, nous ne nous sommes plus quitté_____ (22).

2.3 Mettez les phrases suivantes au passé composé. Attention à l'accord du participe passé.

1. Le Corbusier naît en 1887 à La Chaux-de-Fonds, en Suisse.

_____

2. Il est architecte, urbaniste, essayiste, peintre et sculpteur. _____

3. Il crée une œuvre gigantesque et est l'auteur de plus de 40 livres et essais. _____

_____

4. Il voyage en Orient et l'architecture orientale l'influence dans son travail. _____

_____

5. Il est naturalisé Français en 1930. _____

6. Il meurt en France, en 1965. _____

2.4 Accordez les participes passés suivants quand c'est nécessaire.

Nous avons décidé_____ (1) d'aller au zoo le week-end dernier. Nous avons vu_____ (2) des ours polaires adorables. Et Sylvie les a photographié_____ (3).

La famille Durand a acheté_____ (4) une nouvelle maison. Elle est situé_____ (5) dans un quartier très calme du centre-ville. Les Durand l'ont rénové_____ (6) et décoré_____ (7) avec beaucoup de soin. Ils ont emménagé_____ (8), mais un mois plus tard, ils ont eu_____ (9) des problèmes avec les tuyaux. Ils les ont tous changé_____ (10) et ils ont dû_____ (11) repeindre toute la maison.

3 LA PLACE DES PRONOMS COMPLÉMENTS

3.1 Refaites les phrases en remplaçant les mots en gras par des pronoms personnels.

Au présent

1. Tu aimes les **chansons françaises** ? _____

2. Patricia parle souvent **de ses examens**. _____

3. Claire-Lise écrit **des lettres à ses parents**. _____

4. Comment, vous ne regardez pas **la télévision** ? _____

5. Elles vont en **Argentine**. _____

6. Nous arrivons **du bureau**. _____

Au passé composé

1. Vous avez entendu **les dernières nouvelles** ? _____

2. Il a demandé **deux boissons**. _____

3. Martine mange **du yaourt et des fruits** pour le petit-déjeuner. _____

_____

4. Tu as téléphoné **à Amar** pour prendre de ses nouvelles ? _____

_____

5. Pourquoi n'est-il pas allé **au Mexique** ? _____

6. Elles ont acheté **des fleurs** au marché. _____

3.2 Complétez ce dialogue en utilisant les pronoms personnels qui conviennent.

— Vous nous téléphonez ce soir ?

— Oui bien sûr, on _____ (1) téléphone et on sort.

— D'accord. On va au restaurant ?

— Non, on _____ (2) est allés la semaine dernière. Je voudrais aller au théâtre.

— Au théâtre ! C'est une bonne idée. J'ai lu une bonne critique récemment.

— Tu _____ (3) as lue où ? Tu te souviens du nom de la pièce ?

— Non, je ne _____ (4) souviens pas, mais je vais _____ (5) retrouver, c'était dans le journal de samedi.

— Super, tu achètes les billets ?

— D'accord, je _____ (6) achète.

3.3 Répondez aux questions en suivant le modèle.

Est-ce que tu donnes ce livre à ton neveu ? **Oui, je le lui donne.**

1. Est-ce que Nicole a montré les photos de vacances à ses amis ? _____

_____

2. Est-ce que vous prêtez ce document à vos collègues ? _____

3. Tu parles de ton projet à tes professeurs ? _____

4. Vous servez du vin à vos invités ? _____

5. Elle achète un gâteau à ses enfants ? _____

6. Tu as donné les renseignements à ta voisine ? _____

3.4 Répondez aux questions suivantes à la forme négative en utilisant des pronoms personnels. Attention aux accords.

1. As-tu changé les pneus de la voiture ? _____

2. Avez-vous trouvé les plans pour le cours d'architecture ? _____

_____

3. Êtes-vous allé à l'université ? _____

4. A-t-elle rendu les livres à la bibliothèque ? _____

5. Sont-elles revenues de Paris ? _____

6. Ont-elles participé à la conférence ? _____

4 LES ADVERBES

4.1 Trouvez l'adjectif masculin correspondant aux adverbes suivants.

1. vivement _____
2. sainement _____
3. rapidement _____
4. naïvement _____
5. particulièrement _____
6. courageusement _____

7. longuement _____
8. puissamment _____
9. évidemment _____
10. habituellement _____
11. régulièrement _____
12. poliment _____

4.2 Complétez les phrases en suivant le modèle.

⟩ *Françoise est toujours naturelle.* *Elle joue **naturellement**.* _____.

1. Elle est élégante. Elle s'habille _____.
2. Ce bébé a un sommeil profond. Il dort _____.
3. Les participants écoutent d'un air patient. Ils écoutent _____.
4. Ce chauffeur est très prudent. Il conduit _____.
5. Il a raconté cette histoire avec précision. Il a raconté _____.
6. C'est un garçon très rapide. Il fait tout _____.
7. Tu dois réviser tes leçons d'une manière sérieuse. Révise _____.
8. Raconte ton histoire d'une manière discrète. Raconte _____.

4.3 Ajoutez l'adverbe qui convient.

○ encore	○ vraiment	○ trop	○ tard	○ facilement
○ beaucoup	○ mal	○ souvent	○ bien	○ presque

⟩ *Elle a* _____**bien**_____ *travaillé.*

1. Elle a réussi l'examen _____.
2. Donnez-nous encore cinq minutes. Nous avons _____ fini.
3. Ce projet est _____ dangereux.
4. La réunion s'est terminée très _____.
5. Le président a _____ réfléchi avant de prendre cette décision.
6. Je suis _____ stressé. Je n'en peux plus.
7. En général, je mange _____.
8. Mes parents font _____ du sport.
9. Vous n'êtes pas _____ arrivés ? Mais ça fait une heure que je vous attends.
10. Il n'est pas en forme parce qu'il a _____ dormi.

4.4 Complétez les phrases suivantes avec un adverbe formé à partir des adjectifs suivants.

| ○ simple | ○ lent | ○ méchant | ○ sérieux | ○ complet | ○ vrai |

1. Nous marchions _____ au bord de la mer.

2. Éléonore a _____ décidé de faire le tour du monde.

3. Nathalie a _____ changé. Elle n'étudie plus et elle refuse de

   répondre au téléphone.

4. Fabrice désire _____ vivre à la campagne. Il aime la solitude et le

   calme.

5. Séverine travaille _____ . Elle veut devenir chirurgienne.

6. Pauvre Bruno ! Les élèves lui ont parlé _____ .

5 LES COMPARATIFS

5.1 Rayez le mot inutile.

1. Elles aiment **meilleures** | **mieux** les vacances que les études.

2. Hélène a **autant** | **aussi** de disques compacts que Mélanie.

3. Les Français ont **aussi** | **plus** de vacances que les Américains.

4. Regardez Sylvie ! Elle est presque **aussi** | **autant** grande que Lucien.

5. Fabienne parle bien l'anglais, mais elle parle l'espagnol encore **mieux** | **meilleur**.

5.2 Comparez les éléments suivants. Utilisez des adjectifs, des verbes, des noms ou des adverbes. Écrivez au minimum trois phrases par sujet et utilisez le comparatif qui convient.

1. La campagne et la ville

_____

_____

2. L'ordinateur et la machine à écrire

_____

_____

_____

3. Les chiens et les chats

_____

_____

_____

L'IMPARFAIT

6.1 Mettez les verbes à l'imparfait.

Nous déménageons tous les ans. Nous aimons acheter une maison dans un état plutôt délabré puis nous la rénovons à notre rythme. Nous aimons choisir des couleurs pastel pour les chambres d'enfants. Mireille passe des heures à dessiner sur les murs : des papillons, des oiseaux pour Séverine et des tigres, des lions et des chimpanzés pour Benoît. Il adore les animaux sauvages. La cuisine, c'est moi qui la refais. Je reconstruis les placards. Quelquefois, il faut refaire le plancher dans le salon ou changer les moquettes. En général, cela prend de quatre à six mois et nous en profitons pendant quelques mois. Puis nous vendons et nous recommençons. C'est créatif et profitable.

Commencez votre réponse comme ceci.

Quand les enfants étaient petits, _____

_____

_____

_____

_____

_____

_____

_____

_____

_____

Mais maintenant les enfants ont grandi et nous ne pouvons plus continuer comme avant.

6.2 Mettez le verbe approprié à l'imparfait.

○ faire	○ connaître	○ prendre	○ lire
○ avoir	○ jouer	○ venir	○ acheter

1. Les enfants _____ au ballon dans la rue.

2. Quand nous avons quitté la maison, il _____ beau.

3. Tous les matins, je _____ mon café dans le jardin.

4. Nous _____ une grande maison avec un jardin magnifique. Tous les étés,

   nos cousins _____ passer les vacances chez nous.

5. Margot _____ des bandes dessinées toute la nuit.

6. Je me souviens : mon père _____ beaucoup de magazines, de journaux.

   Il _____ toutes les nouvelles de la région.

7 EXERCICES VARIÉS

7.1 Mettez les mots suivants dans l'ordre.

1. longtemps ▌ nous ▌ cherchée ▌ l' ▌ avons _____

_____.

2. donnés ▌ Patrick ▌ me ▌ a ▌ ne ▌ pas ▌ les _____

_____.

3. couloir ▌ les ▌ elle ▌ mis ▌ a ▌ dans ▌ le _____

_____.

4. fait ▌ autant ▌ gym ▌ tu ▌ de ▌ dernière ▌ l' ▌ année ▌ que ▌ as _____

_____ ?

5. des ▌ racontait ▌ histoires ▌ grand-mère ▌ préparait ▌ nous ▌ notre ▌ extraordinaires ▌ et ▌

succulents ▌ des ▌ nous ▌ gâteaux _____

_____.

⟩ RÉDIGEZ

1. Sur une feuille à part, décrivez à l'imparfait une expérience ou une personne importante de votre enfance. Choisissez un des sujets suivants et écrivez un paragraphe.

1. Un professeur d'école secondaire   2. Des vacances mémorables

⟩ PRONONCEZ

piste 38 **1. Écoutez les phrases et indiquez si vous entendez le ou les.**

	1	2	3	4	5	6	7
le							
les							

piste 39 **2. Écoutez les phrases et indiquez si l'intonation est montante ou descendante.**

	1	2	3	4	5
montante					
descendante					

piste 40 **3. LES HOMOPHONES** Écoutez les phrases et écrivez *ce* ou *se*.

1. Elle _____ souvenait de _____ matin-là.

2. Brigitte et Nicolas ne _____ parlaient plus.

3. Ils _____ partagent _____ petit morceau de pain.

4. Il _____ demande si _____ voyage _____ passera bien.

5. Si _____ film ne _____ termine pas bientôt, _____ spectateur _____ lèvera et s'en ira.

6. Elles _____ servent de _____ pâté et l'assiette _____ vide.

⟩ LISEZ

L'autre mondialisation

La mondialisation de l'information rend le monde tout petit, mais très dangereux. Chacun voit tout, sait tout, mais réalise aussi ce qui le sépare des autres, sans avoir forcément envie de s'en rapprocher. L'Autre, hier, était différent, mais éloigné. Aujourd'hui, il est tout aussi différent, mais omniprésent, dans le téléviseur de la salle à manger comme au bout des réseaux, il va donc falloir faire un effort considérable pour se comprendre. En tout cas pour se supporter.

Longtemps considérée comme un facteur d'émancipation et de progrès, l'information peut devenir un facteur d'incompréhension, voire de haine. L'information ne suffit plus à créer la communication, c'est même l'inverse. En rendant visibles les différences culturelles et les inégalités, elle oblige à un gigantesque effort de compréhension. C'est probablement l'une des ruptures les plus importantes du XXᵉ siècle. Le monde est devenu un village global sur le plan technique, il ne l'est pas sur le plan social, culturel et politique. La technique ne tire plus le progrès. La communication n'est plus naturellement dans les journaux, sur les ondes des radios et télévisions, ou avec les ordinateurs. Notre philosophie politique de la communication doit intégrer cette nouvelle donne : la paix ne dépend plus seulement de l'information et de la communication, qui peuvent même devenir un facteur supplémentaire de tension.

Dominique WOLTON, *L'autre mondialisation*, Paris, © Flammarion, 2003.

AUTO-ÉVALUATION, MODULE 3

Évaluez vos connaissances selon ces cinq critères.

I. COMPRÉHENSION ORALE

• Je comprends les messages téléphoniques.			
• Je suis capable de comprendre quelqu'un qui présente son CV.			
• Je comprends une histoire racontée au passé.			
• Je suis capable de comprendre quelqu'un qui parle de santé.			
• Je comprends le mécontentement de quelqu'un.			

II. PRODUCTION ORALE

• Je sais parler de mes loisirs.			
• Je sais parler de mon emploi du temps.			
• Je sais parler de mes vacances.			
• Je sais présenter mon CV.			
• Je sais raconter un événement au passé.			
• Je sais comparer et choisir.			
• Je sais dire mon appréciation sur quelque chose.			
• Je sais décrire un objet.			
• Je sais décrire la maison.			
• Je sais donner une raison.			
• Je sais parler de ma santé.			
• Je sais décrire physiquement une personne.			
• Je sais exprimer mon mécontentement.			
• Je sais interroger quelqu'un sur son passé.			
• Je sais faire un entretien d'embauche.			
• Je sais interroger quelqu'un sur l'état de sa santé.			

III. OBJECTIFS LEXICAUX

• Je connais le vocabulaire des loisirs.			
• Je connais le vocabulaire du travail.			
• Je connais le vocabulaire des vacances.			
• Je connais le vocabulaire de la maison.			

	:)	:|	:(

IV. OBJECTIFS GRAMMATICAUX

• Je sais très bien employer le passé composé.			
• Je sais utiliser les pronoms COD et COI.			
• Je sais conjuguer et employer les verbes **offrir**, **ouvrir**, **découvrir**.			
• Je sais employer les indicateurs temporels.			
• Je sais faire des phrases avec le superlatif.			
• Je sais conjuguer et employer les verbes à l'imparfait.			
• Je sais comparer.			
• Je sais employer l'opposition **passé composé** et **imparfait**.			

V. OBJECTIFS CULTURELS

• Je peux nommer des villes canadiennes où l'on parle français.			
• Je connais des pays arabes où l'on parle français.			

Qui vivra verra

module 4

unité 10

« Miroir, dis-moi... »

)APPRENEZ DE NOUVEAUX MOTS

1. Chassez l'intrus.

1. ausculter | soigner | guérir | naître

2. avoir mal à la tête | avoir mal au dos | être malade | avoir mal aux dents

3. la joue | le menton | le nez | le front

4. en forme | en bonne santé | fatigué | en avance

5. le bras | la main | la jambe | le coude

2. Complétez les phrases avec le verbe approprié.

○ prendre	○ masser	○ se sentir
○ avoir	○ tousser	○ être

1. Elle _____ parce qu'elle fume beaucoup.

2. Mon grand-père _____ des vitamines deux fois par jour.

3. Aujourd'hui, je ne _____ pas bien du tout.

4. Ce kinésithérapeute _____ les joueurs de hockey après le match.

5. Vous n' _____ pas en forme. Allez vous reposer !

6. Elle _____ l'air fatigué. Qu'est-ce qu'elle a, ma fille ?

3. Chassez l'intrus.

1. Des cheveux longs | noirs | grands

2. Des yeux gris | minces | tristes

3. Une femme petite | ovale | grosse

4. Une taille moyenne | grosse | petite

5. Le front haut | grand | bas

4   Reliez les chiffres et les lettres.

1. Pourquoi est-ce que tu ne prends pas ton médicament ?

2. Je m'entends tellement bien avec elle.

3. Quelle est la spécialité du docteur Lacroix ?

4. Je suis un régime pour maigrir.

5. Elle est comment, physiquement ?

6. Notre professeur est très en colère.

7. Elle a mal à la gorge.

8. J'aime l'équitation, mais j'ai mal au dos.

9. Que faire pour rester en bonne forme ?

a) Il est fâché.

b) Faites un peu de sport.

c) Elle prend des pastilles.

d) On va se marier.

e) Il est cardiologue.

f) Changez de sport !

g) Je ne prends pas de sucre.

h) Ah ! elle est très belle.

i) J'en ai assez !

5   Qu'est-ce que c'est ? Relisez les dialogues des pages 186 et 187 de votre manuel.

1. Synonyme de « être informé » _____

2. Synonyme de « se fâcher » _____

3. Quelqu'un qui est en état de dépression _____

4. Synonyme du temps passé que l'on regrette _____

5. En France, le prix accordé au meilleur roman de l'année _____

6. Le contraire de « court » _____

〉OBSERVEZ ET EMPLOYEZ LES STRUCTURES

1 LES INDICATEURS TEMPORELS

1.1   Reliez les chiffres et les lettres. Il y a plusieurs possibilités.

1. J'ai fait des progrès en français

2. Nous avons rencontré Yvon

3. Je n'ai rien compris

4. Il ne s'est pas rasé

5. Ils viennent de partir

6. Henri n'est pas allé au cinéma

7. Ils se sont mariés

8. Elle a eu un accident

a) il y a un an.

b) depuis deux jours.

c) il y a deux mois.

d) il y a trois semaines.

e) depuis la rentrée.

f) depuis un mois.

g) depuis le début.

h) il y a 10 minutes.

1.2   Faites des phrases avec il y a (durée) que/ça fait (durée) que et depuis.

〉 *Il y a quinze minutes que j'attends.*

〉 *Je vous attends depuis quinze minutes.*

1. _____

2. _____

3. _____

4. _____

1.3 Complétez le texte avec depuis, il y a, ça fait ou pendant.

Il est 4 heures de l'après-midi. _____ (1) dix minutes que la conférence de presse a commencé. Les participants attendent le président _____ (2) des heures. Malheureusement, il est en retard et les organisateurs le cherchent partout. Le représentant des journalistes s'impatiente _____ (3) le début. _____ (4) trente minutes qu'il téléphone au service du protocole, et il n'a toujours pas de réponse. Pour montrer leur impatience, les participants ont applaudi _____ (5) cinq minutes. Finalement, le président est arrivé avec une heure de retard. Personne n'a applaudi. Les participants étaient un peu en colère.

1.4 Répondez aux questions.

1. Depuis quand suivez-vous ces cours?

_____

2. Ça fait longtemps que vous vous connaissez?

_____

3. Qu'est-ce que vous faisiez à l'aéroport?

_____

4. Quand est-ce que vous avez décidé de vous marier?

_____

5. Tu fais de la gymnastique depuis combien de temps?

_____

2 L'EXPRESSION DU TEMPS ET DE LA CAUSE

2.1 Vous avez la réponse. Posez les questions.

) *Pourquoi tu es arrivé en retard?* _____ ?

Je suis arrivé en retard parce que j'ai manqué le bus.

1. _____ ?

_____ parce que mon réveil n'a pas sonné.

2. _____ ?

_____ parce que j'ai oublié mes livres chez mes amis.

3. _____ ?

_____ parce que je me suis réveillé trop tard.

4. _____ ?

_____ parce qu'il y a une crise économique.

5. _____ ?

_____ parce que je me lève à 6 heures.

6. _____ ?

_____ parce que je suis la meilleure.

2.2 Donnez la cause.

1. Pourquoi vous n'êtes pas parti en vacances? _____

_____

2. Pourquoi la bibliothèque est-elle fermée? _____

3. Pourquoi ont-ils perdu leur travail? _____

4. Pourquoi arrives-tu toujours en retard? _____

5. Pourquoi tu n'es pas venu à la fête donnée pour mon anniversaire? _____

_____

2.3 Mettez les verbes entre parenthèses au passé composé ou à l'imparfait.

1. Quand j'(être) _____ jeune, je (jouer) _____ au tennis

et je (faire) _____ de la natation tous les samedis matin.

2. Quand je/j' (voir) _____ le voleur, je/j' (appeler) _____

la police.

3. En 1990, je/j' (aller) _____ au lycée, nous (habiter) _____

au Maroc.

4. Nous (aller) _____ au bord de la mer chaque été et nous (passer)

_____ la journée à nager et à bronzer.

5. Mon père (trouver) _____ un travail aux États-Unis et nous (déménager)

_____ .

6. Nous (être) _____ assises à la terrasse d'un café quand l'orage

(éclater) _____ .

7. Quand mes enfants (être) _____ jeunes, nous (partir) _____

en vacances ensemble, mais maintenant, ils y vont avec leurs amis.

8. Je suis désolé, monsieur l'agent. Je (ne rien entendre) _____ ,

je (dormir) _____ .

2.4 Mettez les verbes entre parenthèses à l'imparfait ou au passé composé.

1. Maintenant, je ne lis plus, mais avant, je (lire) _____ beaucoup.

2. Ce matin, je/j' (prendre) _____ le bus, mais en général, je prends le métro.

3. La semaine dernière, ma fille (aller) _____ au Pérou.

4. Quand j'étais jeune, je (détester) _____ la neige.

5. Quand je suis arrivée, il ne (faire) _____ pas beau.

2.5 Mettez les verbes de ce paragraphe au passé composé ou à l'imparfait.

> Quand j'entre à la bibliothèque, elle est déjà là. Il est 8 h du matin et on ne voit que quelques habitués. Je m'approche de sa table et je lui dis bonjour à voix basse, puis je prends une place juste en face d'elle. Elle ne me répond pas et elle ne me regarde pas non plus. J'ouvre mes livres et je fais semblant d'étudier. Je l'observe. Je remarque qu'elle porte un chemisier blanc avec un grand foulard orange. J'attends trente minutes, toujours pas de signe. Elle ne bouge pas, elle lit silencieusement. Tout à coup, un jeune garçon entre et il va vers elle. Il lui dit bonjour. Enfin, elle sourit.

3 CHAQUE ET TOUT

3.1 Complétez les phrases en mettant tout à la forme qui convient.

1. Je fais du jogging _____ les matins.

2. Nous avons dansé _____ la soirée.

3. Il achète une baguette de pain _____ les jours.

4. Jean-Marie a vu _____ l'exposition.

5. Tu as bien révisé _____ tes leçons ?

4 LES SUPERLATIFS

4.1 Répondez en employant le superlatif.

1. Quel est le sport le plus dangereux selon toi ? _____

2. Quel est le plus beau jour de ta vie ? _____

3. Qui est le moins drôle de ton groupe ? _____

4. Quand tu avais 12 ans, qui était la plus intelligente de ta classe ? _____

5. Est-ce que tu es le plus sérieux de ta famille ? _____

6. Qui est la comédienne la plus drôle ? _____

7. Quelle est la ville la plus intéressante selon toi ? _____

8. Quelle est l'épicerie la moins chère de la ville ? _____

9. Qui est la plus jeune étudiante de votre classe ? _____

10. Est-ce que c'est vrai que les Français sont les plus gros consommateurs de baguettes de pain du monde ?
_____

4.2 Mettez l'adjectif au superlatif.

1. Ginette est _____ insupportable de tous les membres de son club.

2. L'avenue des Champs-Élysées est _____ belle avenue du monde, mais aussi
_____ grande.

3. Il l'a invitée dans le restaurant _____ cher de la ville.

4. C'est la route _____ rapide pour aller à l'aéroport.

5. Le Sahara est _____ vaste désert du monde.

6. Proust est considéré comme _____ grand romancier de la langue française du
XXᵉ siècle.

7. Prends cette valise, c'est _____ légère.

8. Je fais mes courses à l'hypermarché. C'est le magasin _____ cher et
_____ pratique.

4.3 Répondez aux questions en employant le superlatif.

1. Nous commençons notre travail le plus tôt possible. Et vous ?

2. Ce sont les leçons de français que je révise le plus souvent. Et toi ?

3. Dans ma famille, c'est moi qui travaille le moins. Et dans ta famille ?

4. Le week-end, je me lève le plus tard possible. Et toi ?

5. Ils achètent des CD le moins souvent possible. Et vous ?

4.4 Mettez mieux ou le mieux.

1. En général, je comprends _____ l'italien que l'anglais.

2. C'est vrai qu'on mange _____ dans les régions méditerranéennes.

3. Dans ma famille, c'est ma tante qui cuisine _____ .

4. Je parle mal l'allemand mais je le parle _____ que mon frère.

5. Parmi tes amis qui parle _____ l'anglais ?

4.5 Complétez les phrases avec le meilleur, meilleur, mieux ou le mieux. Faites attention aux accords.

1. Fabrice Lucchini a été nommé _____ comédien de l'année.

2. Il aime Aline, mais c'est Sophie qu'il aime _____ .

3. Les glaces italiennes sont _____ du monde.

4. Depuis que j'ai perdu six kilos, je me sens _____ .

5. Les vins de Bordeaux sont _____ vins du monde.

6. C'est _____ d'apprendre les langues quand on est jeune.

4.6 Mettez les mots en ordre.

1. Antoine | sympathique | est | plus | le

2. vieille | France | j' | la | ai | cathédrale | de | plus | hier | visité

3. toujours | classe | la | cet | les | pose | questions | étudiant | meilleures | de

4. le ▮ est ▮ année ▮ roman ▮ de ▮ meilleur ▮ *Le soleil des Scorta* ▮ l' _____

5. fleuve ▮ est ▮ plus ▮ Nil ▮ Afrique ▮ le ▮ d' ▮ le ▮ long _____

5 EXERCICES VARIÉS

5.1 Mettez les mots en ordre.

1. journée ▮ d' ▮ était ▮ belle ▮ été ▮ c' ▮ une _____

2. matins ▮ commençait ▮ même ▮ tous ▮ heure ▮ il ▮ à ▮ les ▮ la _____

3. en ▮ ? ▮ vous ▮ pendant ▮ restés ▮ de ▮ combien ▮ Europe ▮ temps ▮ êtes _____

4. est ▮ trois ▮ il ▮ y ▮ Canada ▮ arrivé ▮ a ▮ au ▮ il ▮ mois _____

5. pas ▮ de ▮ trois ▮ je ▮ n' ▮ vacances ▮ pris ▮ ans ▮ depuis ▮ ai _____

6. combien ▮ habitez ▮ temps ▮ ici ▮ depuis ▮ ? ▮ vous ▮ de _____

7. cette ▮ elle ▮ il ▮ combien ▮ travaille ▮ dans ▮ mois ▮ y ▮ qu' ▮ a ▮ de ▮ entreprise ▮ ? _____

8. matins ▮ commençait ▮ même ▮ la ▮ tous ▮ heure ▮ il ▮ à ▮ les _____

) RÉDIGEZ

1 Lisez la lettre suivante. Sur une feuille à part, continuez le récit en employant des verbes au passé composé et à l'imparfait.

Chantal Richou
Rue Saint-Pierre 2
1004 Lausanne – Suisse

Chère Delphine,

Je suis arrivée à Lausanne il y a cinq jours et je suis déjà bien installée. J'ai rencontré ma famille d'accueil. C'est un couple de retraités, ils sont très gentils. Ils m'ont offert un magnifique cadeau pour me souhaiter la bienvenue. Lausanne est une jolie ville. Quand je suis arrivée, il faisait un temps magnifique. Les gens se promenaient au bord du lac Léman, les touristes photographiaient chaque coin de rue. Il y avait également beaucoup de gens aux terrasses des cafés. J'ai déjà fait quelques expériences désagréables. Les gens parlent trop vite et ils ne prononcent pas comme notre professeur de français. Je dois toujours leur demander de répéter. Il y a beaucoup de mots que je ne comprends pas non plus, par exemple, ils disent « septante », « octante ». J'ai acheté un petit carnet pour noter tous ces mots nouveaux.

Chantal

2 **Reliez les chiffres et les lettres.**

1. Est-ce que tu as du temps libre ?

2. Ça va mieux aujourd'hui ?

3. Tu ne bois jamais de café ?

4. Quand tu étais petit, tu avais beaucoup de livres ?

5. Ça fait longtemps qu'elle est sortie ?

6. Tu ressembles à ta mère ou à ton père ?

7. Tu as toujours voulu être journaliste ?

a) Aux deux.

b) Ça fait dix minutes.

c) Non, seulement depuis deux ans.

d) Oh, moi, jamais. J'ai mille et une choses à faire.

e) Non, je n'en avais pas beaucoup.

f) Si, j'en bois de temps en temps.

g) Non, c'est pire. Je ne peux plus m'asseoir.

) PRONONCEZ

piste 41 1 **Écoutez les phrases et écrivez les verbes manquants.**

– Qu'est-ce que tu _____ (1) ici ? Je te _____ (2) en vacances.

– Non, j'_____ (3) mes vacances. J'_____ (4) un problème très grave.

– Ah bon ! Qu'est-ce qui _____ (5) ?

– Je ne _____ (6) pas te le _____ (7) au téléphone.

– On _____ (8) se _____ (9) ?

– Je n'_____ (10) vraiment pas le temps. Tu _____ (11) m'_____ (12) un courriel ?

– Franchement, _____ (13) un courriel pour te _____ (14) de mes soucis.

– Ah, tu _____ (15) des soucis ? Des problèmes d'argent ? Des problèmes de cœur ?

– Aline m'_____ (16). Je _____ (17) partir en vacances avec elle. Ça ne _____ (18) pas. Je _____ (19) tout en noir.

– Ne _____ (20) pas ! Je _____ (21) venir te voir ce soir.

piste 42 2. **Écoutez et répétez.**

Les sons

Le son [e]					
étudiant	commencé	année	adopter	vous écoutez	des
été	étudié	travailler	nez	j'ai	mes
parlé	soirée	observer	chez	les	

Le son [ɛ]					
très	forêt	même	mais	il parlait	paquet
après	intérêt	jamais	frais	j'avais	poulet

piste 43 3. **LES HOMOPHONES** **Écoutez les phrases et écrivez leur, leurs ou l'heure.**

1. Nos voisins vont avoir _____ premier enfant.

2. Monsieur, quelle _____ est-il, s'il vous plaît?

3. Mes parents voulaient toujours que nous _____ disions où nous allions.

4. Je _____ avais donné rendez-vous à 6 h.

5. C'est _____ de partir.

6. Les Laffont ont appelé _____ enfants pour _____ annoncer
   la bonne nouvelle.

7. Nous _____ dirons que vous êtes malade.

8. Au Canada, certains arbres perdent _____ feuilles dès le mois de septembre.

9. Tu ne _____ raconteras pas la fin de l'histoire.

10. Certains étudiants ne font pas _____ travaux.

11. Mes parents viennent de fêter _____ 35 ans de mariage.

12. La nouvelle _____ a fait beaucoup de peine.

) LISEZ

1. Lisez les paroles de cette célèbre chanson. Soulignez les verbes pronominaux. Cherchez dans un dictionnaire la signification des mots que vous ne connaissez pas.

Les uns contre les autres

On dort les uns contre les autres

On vit les uns avec les autres

On se caresse, on se cajole

On se comprend, on se console

Mais au bout du compte

On se rend compte

Qu'on est toujours tout seul au monde

On danse les uns contre les autres

On court les uns après les autres

On se déteste, on se déchire

On se détruit, on se désire

Mais au bout du compte

On se rend compte

Qu'on est toujours tout seul au monde

On dort les uns contre les autres

On vit les uns avec les autres

On se caresse, on se cajole

On se comprend, on se console

Mais au bout du compte

On se rend compte

Qu'on est toujours tout seul au monde

Mais au bout du compte

On se rend compte

Qu'on est toujours tout seul au monde

Toujours tout seul au monde

© Paroles : Luc Plamondon

2. Lisez le texte suivant.

À quoi sert le langage?

Avant d'envisager le langage dans sa structure et son fonctionnement, il convient de se demander, comme pour n'importe quel outil, à quoi il sert. La réponse semble aller de soi : le langage, ça sert à communiquer. Mais communiquer, pour les humains, ce n'est pas seulement transmettre de l'information. Souvent, on parle pour ne rien dire, ou on dit le contraire de ce qu'on veut réellement dire, ou encore ce que l'interlocuteur sait déjà. Une bonne partie de l'information, d'ailleurs, est implicite, c'est-à-dire absente du message proprement dit. Bref, on parle pour toutes sortes de raisons étrangères à l'acte d'informer : pour marquer un pouvoir, par exemple. Le locuteur s'implique et implique les autres dans ce qu'il dit. La parole n'est pas seulement un outil, c'est aussi un exutoire, une forme d'action, un moyen de s'affirmer comme être social, un lieu de jouissance ou de souffrance.

Marina Yaguello, *Alice au pays du langage*:
pour comprendre la linguistique, Paris, © Éditions du Seuil, 1981, p. 19.

Parlons d'avenir

) APPRENEZ DE NOUVEAUX MOTS

1 Trouvez des synonymes.

1. C'est le début de l'école ou de l'université. C'est _____ .

2. Il n'a pas réussi son examen. Il a _____ .

3. Elle enseigne à la maternelle. Elle est _____ .

4. C'est une école que tout le monde peut fréquenter. C'est une école _____

_____ .

5. Il est professeur. C'est un _____ .

2 Qu'est-ce qu'ils deviendront ?

1. Oumar étudie à la faculté de médecine. Il deviendra _____ .

2. Anne va à l'école des Beaux-Arts. Elle sera _____ .

3. Dalida suit des cours de physique. Elle sera _____ .

4. Il se spécialise en histoire de l'architecture. Il deviendra _____ .

5. Elle apprend la chimie. Elle sera _____ .

3 Trouvez la signification de ces sigles et indiquez le nom de la ville où se trouve leur siège.

1. ONU _____

_____

2. OIT _____

_____

3. OMS _____

_____

4 Classez ces mots dans le tableau.

○ lycée　　　　　　　○ discipline　　　　　○ élève　　　　　　○ instituteur

○ passer un examen　○ apprendre　　　　○ étudiant　　　　○ échouer

○ livres　　　　　　 ○ enseigner　　　　 ○ professeur　　　 ○ tableau

○ matière　　　　　 ○ étudier　　　　　 ○ taille-crayon　　 ○ cours

○ réviser　　　　　　○ collégien　　　　　○ école secondaire ○ donner des cours

○ école primaire

Types d'écoles	Personnes	Activités scolaires	Objets scolaires physiques	Autres réalités scolaires

5 Complétez les phrases avec les verbes appropriés à la forme qui convient.

○ devenir　　　　○ suivre　　　　○ étudier　　　　○ réussir

○ redoubler　　　○ payer　　　　○ obtenir　　　　○ passer

1. Combien de cours tu _____ ce semestre?

2. Qu'est-ce que tu veux _____ plus tard?

3. As-tu _____ de bonnes notes?

4. Si tu _____ ton examen, je te paierai ton billet d'avion.

5. Nathalie préfère _____ les sciences.

6. Nous allons _____ notre examen dans une semaine.

7. Il va probablement _____ parce que ses résultats ne sont pas assez bons.

8. À l'université, il faut _____ les droits d'inscription.

)OBSERVEZ ET EMPLOYEZ LES STRUCTURES

1 LE FUTUR SIMPLE

1.1 Mettez les verbes entre parenthèses au futur simple.

1. Quand je (être) _____ grand, je (être) _____
   pilote d'avion.

2. Quand nous (retourner) _____ à Québec en avril, nous
   (prendre) _____ nos manteaux d'hiver.

3. Quand j'(avoir) _____ mon permis de conduire,
   j'(aller) _____ voir mes grands-parents tous les deux jours.

4. Quand tu (venir) _____ chez moi, tu (apporter) _____
   tes photos de vacances.

1.2 Mettez les verbes appropriés au futur simple.

○ donner	○ partir	○ inviter	○ prendre	○ descendre	○ avoir

1. L'an prochain, ils _____ en Europe.

2. Dans deux ans, mes parents _____ leur retraite.

3. J' _____ 18 ans dans 10 jours.

4. Pour venir chez moi, tu _____ à la station Jean-Talon.

5. Avant de partir, tu me _____ le numéro de téléphone de tes parents.

6. Pour mon mariage, j' _____ toute ma famille et tous mes amis.

1.3 Écrivez l'infinitif du verbe et mettez la phrase au futur.

1. Mes voisins déménagent dans un mois. _____

2. Il vit au Vietnam. _____

3. Vous voyagez l'an prochain? _____

4. Vous faites des courses dans la soirée? _____

5. Je viens te voir demain. _____

6. À la fête des Mères, nous faisons une surprise à maman. _____

7. Tu lis quelques pages avant de t'endormir. _____

1.4   Mettez les verbes au futur simple ou au futur avec aller.

1. Pour ton anniversaire, je te (faire) _____ un gâteau au chocolat.

2. Le café (ouvrir) _____ dans cinq minutes.

3. Pour leurs vacances, ils (aller) _____ dans leur famille.

4. Je crois qu'il y (avoir) _____ toujours des guerres dans le monde.

5. Il est 8 h 45. Nous (arriver) _____ à 9 h.

6. Dans quelques années, tu (être) _____ riche.

7. Je vous (dire) _____ la date de l'examen la semaine prochaine.

8. Au revoir, je (venir) _____ vous voir dans trois mois.

9. Je (sortir) _____ les chiens, tu viens avec moi ?

10. Est-ce que tes amis (arriver) _____ bientôt ?

2 LE FUTUR ET L'HYPOTHÈSE AVEC SI

2.1   Par groupes de deux, complétez librement les phrases suivantes.

1. S'il fait beau demain, _____.

2. Si je gagne au loto, _____.

3. Si je deviens ministre de l'Environnement, _____.

4. _____, j'achèterai trois paires de chaussures et un sac noir.

5. _____, il prendra un mois de vacances.

6. _____, changerez-vous de travail ?

3 L'EXPRESSION DU TEMPS AVEC DANS ET EN

3.1   Placez les mots dans le bon ordre en mettant les verbes au futur simple.

1. dans ∥ être de retour ∥ elles ∥ trois semaines _____

2. dans ∥ refaire ∥ les mêmes exercices ∥ tu ∥ une heure _____

3. un mois ∥ Julien ∥ dans ∥ arriver _____

4. faire ǀ une pause ǀ vous ǀ dans cinq minutes _____

_____

5. partir ǀ en vacances ǀ nous ǀ un mois ǀ dans _____

_____

3.2 **Complétez les phrases avec en ou dans.**

1. Il a perdu 2 kg _____ une semaine.

2. Je déménage _____ quelques jours.

3. Il a écrit cette dissertation _____ une demi-heure.

4. Je vous verrai _____ la semaine.

5. Julie revient _____ 15 jours.

6. Il prend sa douche _____ cinq minutes.

4 LES PRONOMS RELATIFS QUI, QUE, OÙ

4.1 **Reliez les phrases A et B en utilisant le pronom relatif qui convient.**

Proposition A :   *C'est une fille.*
Proposition B :   *La fille est très sympathique.*

⟩   *C'est une fille **qui** est très sympathique.*

1. Proposition A : Paul travaille dans une usine.
   Proposition B : On fabrique des bicyclettes dans l'usine.

   _____

2. Proposition A : Tu es déjà allé dans le magasin ?
   Proposition B : Stella a acheté sa robe dans le magasin.

   _____

3. Proposition A : Cet écrivain écrit des romans.
   Proposition B : Ses romans sont parfois très longs.

   _____

4. Proposition A : Le film dure trois heures.
   Proposition B : Nous allons voir le film ce soir.

   _____

4.2 **Complétez les phrases avec qui, que ou où.**

1. Voici des amis _____ nous voyons souvent.

2. J'ai des voisins _____ jouent du saxo.

3. Les Dumas ont une fille _____ est très sportive.

4. Le Canada est un pays _____ il y a beaucoup de lacs.

5. Quels sont les films _____ tu as vus pendant tes vacances ?

6. Dans mon quartier, il y a un café italien _____ je prends souvent mon petit-déjeuner.

7. Je t'ai acheté un cadeau _____ te fera plaisir.

8. La Belgique est un pays _____ est connu pour sa bière et son chocolat.

9. Il y a beaucoup de pays _____ je veux aller.

10. La province canadienne _____ je préfère est la Nouvelle-Écosse.

11. Le jour _____ je devais aller à Copenhague, les pilotes étaient en grève.

12. C'est l'année _____ j'ai commencé à apprendre le néerlandais.

4.3 Complétez les phrases avec le pronom relatif qui convient.

1. Mexico, c'est la ville _____ je suis née.

2. Jamel Debbouze est un comédien _____ j'aime beaucoup.

3. J'achète un livre _____ mon professeur d'histoire m'a recommandé.

4. Vous avez une écriture _____ est difficile à lire.

5. Calgary ? C'est une ville _____ je connais très bien.

6. TV5 est une chaîne de télévision _____ nous trouvons intéressante.

7. J'ai oublié les devoirs _____ le professeur de français nous a dit de faire.

8. Nous préférons le chalet _____ est à côté du lac.

9. Nous avons pris l'avion _____ arrive le matin.

10. Je connais un garçon _____ collectionne des cuillères.

11. Je te rapporte les livres _____ tu m'as prêtés.

12. Pourquoi as-tu acheté des salades _____ ne sont pas fraîches ?

13. J'ai acheté une table _____ coûte 200 dollars.

14. Le voyage _____ nous vous proposons vous fera découvrir des merveilles.

15. Mon cousin n'achète que des vêtements _____ ne sont pas chers.

4.4 Mettez le pronom relatif qui convient.

— Bonjour monsieur, vous connaissez le Périgord ?

— Oui, c'est une région de France _____ (1) je suis déjà allé. Ma femme et moi cherchons une région _____ (2) est moins fréquentée. Il y a une ville _____ (3) nous adorons. C'est la ville _____ (4) est juste à côté de Sarlat. Zut, j'ai oublié son nom. Bref, nos enfants _____ (5) ont cinq et six ans préfèrent aussi cette ville.

5 L'INTERROGATION AVEC QUI EST-CE OU QU'EST-CE

5.1 Complétez les questions avec qui est-ce qui, qu'est-ce qui, qui est-ce que **ou** qu'est-ce que**.**

1. _____ tu fais ce soir ?

2. _____ tu attends ?

3. _____ est cassé ?

4. _____ tu connais ?

5. _____ fait ce bruit ?

6. _____ tu penses de ce livre ?

7. _____ tu veux boire ?

8. _____ t'a donné ce cadeau ?

5.2 Par groupes de deux, trouvez la question correspondant à chaque réponse. Utilisez qu'est-ce que, qui est-ce que, qui est-ce qui **ou** qu'est-ce qui**.**

1. _____ ?

C'est Pierre qui a trouvé la réponse.

2. _____ ?

Il n'a rien dit. Il a raccroché.

3. _____ ?

Rien de spécial. Je suis resté à la maison.

4. _____ ?

C'est mon voisin qui parle au téléphone.

5. _____ ?

C'est mon frère qui me l'a donné.

6. _____ ?

Je veux voir le chanteur.

7. _____ ?

Je prends un café au lait.

8. _____ ?

Je te conseille de ne pas accepter ce poste.

9. _____ ?

C'est ma sœur qui se marie.

10. _____ ?

Nous mangeons une salade, du fromage et du pain.

6 LA RESTRICTION AVEC NE... QUE OU SEULEMENT

6.1 Écrivez trois phrases en suivant les modèles.

) *Il ne se sent pas bien. En effet, il **n'**a mangé **qu'**un bol de soupe.*

) *Je suis fatigué, parce que je **n'**ai dormi **que** trois heures cette nuit.*

) *Je ne tolère pas la caféine. Je bois **seulement** une tasse de café par jour.*

1. _____

_____

2. _____

_____

3. _____

_____

6.2 Complétez les phrases suivantes avec seulement ou ne... que.

1. Je voulais t'inviter au restaurant, mais _____.

2. Il est au régime, il _____.

3. Maintenant que vous avez 18 ans, pour votre anniversaire, _____

_____.

4. J'aimerais bien t'aider, mais _____.

5. Mesdames, messieurs, achetez nos produits, _____.

6. Avec le café vous désirez autre chose? Non, nous _____

_____.

7 EXERCICES VARIÉS

7.1 Mettez les verbes à la forme qui convient.

	Présent	Passé composé	Imparfait
1. découvrir	Nous	Je	Vous
2. répondre			
3. finir			
4. sortir			
5. partir			
6. descendre			
7. aller			
8. prendre			

7.2 Mettez le verbe au futur simple ou au futur avec aller.

1. Attention, messieurs dames, le magasin (fermer) _____ .

2. Si tu es malade, tu (rester) _____ à la maison demain.

3. Quand je (être) _____ grand, je (faire) _____ le tour du monde.

4. Prenez vos parapluies. Il (pleuvoir) _____ cet après-midi.

5. Vous (ne pas partir) _____ ! Vous n'avez pas mangé de dessert !

6. Si tu veux, nous (aller) _____ au cinéma samedi soir.

7. Dépêchez-vous, le spectacle (commencer) _____ dans un instant.

8. J'espère que tu (envoyer) _____ une carte postale à tes parents.

) RÉDIGEZ

1 Écrivez un dialogue entre vous et vos amis.

L'avenir du monde

Vous aimez correspondre par Internet. Vous discutez avec vos amis de l'avenir du monde. Quelles seront les conséquences de la pollution ? Est-ce que les gens vivront sur une autre planète ? Est-ce qu'il y aura toujours une université ou est-ce que les étudiants resteront chez eux pour étudier ?

2 Saïda va bientôt partir en vacances chez sa cousine. Elle envoie ce courriel. Lisez-le et répondez-lui.

De :   Saïda@yahoo.fr
À :   Soraya@yahoo.fr
Objet : prochaine visite

Très chère Soraya,

Je suis ravie de savoir que tu vas passer un mois dans notre belle région. Tu verras, c'est une région splendide et pittoresque. Malheureusement, je ne serai pas ici. Nous avons prévu de passer nos vacances à Madagascar. Il paraît que le paysage est magnifique.

Je suis très contente de te prêter ma maison. Voici quelques informations pratiques. Quand tu arriveras, tu trouveras la clé dans le pot de fleurs qui est à côté de la grande porte. Tu feras attention aux chiens. Ils ne sont pas méchants, mais il faut les apprivoiser doucement. Tu leur donneras à manger deux fois par jour : le matin et le soir. Quand ce sera l'heure de manger, ils viendront te lécher la main.

Je t'ai acheté du fromage, des œufs et du jambon de la région. Tu trouveras du vin à la cave. Fais comme chez toi. Tous les mercredis, c'est jour de marché.

Nous avons une voisine que nous aimons beaucoup. Elle s'appelle Ginette de La Tour. Elle a 92 ans. C'est une femme de petite taille, élégante et agréable, mais un peu bavarde. Elle te dira qu'elle vient de la même famille que Georges de La Tour, mais je n'en suis pas certaine. Tu pourras passer lui dire bonjour et lui demander si elle a besoin de quelque chose. Le 24 avril, elle aura 93 ans. N'oublie pas de lui acheter une boîte de chocolats. Elle adore le chocolat, mais le médecin lui a dit de surveiller son régime.

Je te souhaite un agréable séjour. Si tu as des problèmes, il faudra me prévenir le plus vite possible par courriel.

Bises,
Saïda

) PRONONCEZ

piste 44 1 **Écoutez le dialogue et répondez aux questions.**

1. Pourquoi la voyageuse téléphone-t-elle à l'agence ?

2. Est-ce que l'agent accepte de changer la date du départ ?

3. Après la réponse de l'agent, comment la voyageuse réagit-elle ?

_____

4. Quelle est la fin de cette conversation ?

_____

5. Continuez le dialogue. La voyageuse parle avec un autre agent.

_____

piste 45   2   **LES HOMOPHONES**   **Écoutez les phrases et écrivez les mots manquants.**

1. Voici _____ veste rouge, tu peux _____ mettre.

2. Passe-moi _____ règle s'il te plaît.

3. Il _____ vu hier soir. Il était au concert.

4. On _____ remercié pour _____ photo.

5. Elle est _____ . Il _____ rencontrée.

6. Ma voisine _____ offert ce livre pour _____ fête.

7. Mon ami est trop influencé par _____ mère, _____ me paraît un peu bizarre.

8. Voulez-vous attendre un peu ? _____ ne sera pas long.

9. Il est _____ , devant toi.

10. Je ne sais pas _____ j'ai mis mes clés.

11. Tu veux voir un documentaire _____ un film d'aventures ?

12. Cette affiche, nous voulions _____ revoir, mais elle _____ perdue.

⟩ LISEZ

1   Lisez le texte suivant.

À quoi sert l'école ?

L'école n'est pas un simple instrument social. Apprendre est une nécessité d'ordre biologique, propre à l'espèce humaine : le petit homme est en effet une créature démunie [...]. L'école assure le développement de la démocratie [...]. L'école a donc pour tâche de dépasser la simple régulation des désirs et l'acquisition d'une discipline, pour distribuer ce que Condorcet* désigne sous l'expression de « savoir élémentaire ». Dans une démocratie, chaque citoyen doit être en effet capable de lire, d'écrire et de compter afin de pouvoir choisir librement lorsque sa voix est sollicitée. L'école ne diffuse pas le contenu d'un savoir, elle forme l'enfant à le recevoir ultérieurement. Elle ordonne, elle discipline, elle prépare à la patience de la réflexion et à la médiation de la pensée.

Éric COBAST, _Petites leçons de culture générale_, Paris, © PUF, 1994.

---

* Condorcet : Philosophe, mathématicien, homme politique français (1743-1794).

Consommer ou ne pas consommer ?

) APPRENEZ DE NOUVEAUX MOTS

1. Chassez l'intrus.

1. bottes | chaussures | chaussettes | mocassins

2. enregistrer | réserver | composter | avoir

3. entracte | programme | balcon | aller-retour

4. coûter | espèces | payer | publicité

5. réservation | dissertation | originalité | consommation

2. Cherchez trois annonces publicitaires (françaises, canadiennes, etc.). Pour chacune des publicités présentées, répondez aux questions.

1. Quel est le public ciblé? _____

2. Quel est le pays d'origine de la publicité? _____

3. Est-ce que cette publicité s'appliquerait à d'autres pays que vous connaissez? _____

4. Choisissez une des annonces et écrivez un autre texte. _____

_____

_____

3. Insérez le mot manquant.

1. Bonjour, je voudrais _____ pour le 15 juin.

2. Vous voulez une chambre avec _____ ou avec bain?

3. Une chambre qui donne sur _____ ou sur la cour?

4. Désolé, il n'y a plus de place. Nous sommes _____ .

5. La chambre est au premier ou au deuxième _____ ?

4 Qu'est-ce qu'ils doivent mettre ?

1. Il est minuit. Aurélie va bientôt se coucher. Elle met _____ .

2. Aujourd'hui, il fait très chaud. Jean-Paul va mettre _____ .

3. Il fait –10° et il neige. Les enfants doivent porter _____ .

4. Je crois qu'il va pleuvoir. Je vais mettre _____ et prendre

_____ .

5. Elle en a assez de porter des pantalons. Elle met _____ .

5 Devinette. Qu'est-ce que c'est ? Relisez les dialogues des pages 226 et 227 du manuel.

1. Synonyme de « comme toujours » _____

2. Attaquer sans arrêt _____

3. Qui attire les clients ou qui capte l'attention _____

4. Se dit d'un événement qui regroupe plusieurs pays _____

5. Synonyme de « pour le moment » _____

) OBSERVEZ ET EMPLOYEZ LES STRUCTURES

1 LE PASSÉ RÉCENT

1.1 Mettez les verbes suivants au passé récent.

1. Mélanie arrive à la bibliothèque. _____

2. Caroline finit son discours sur la francophonie. _____

3. Les enfants finissent leurs devoirs pour demain. _____

4. J'écoute une émission de radio sur la musique andalouse. _____

5. Nous prenons un verre au bistro du coin. _____

6. Vous envoyez votre CV pour un travail cet été. Bravo ! _____

2 LE PRÉSENT PROGRESSIF

2.1 Mettez les verbes en gras au présent progressif.

1. Comment! Tu **regardes** la télévision?

2. Amar **écrit** la dissertation.

3. Nous **déjeunons**, joignez-vous à nous.

4. Mélanie et Stéphanie **font** le programme de leur voyage à Saint-Pierre-et-Miquelon.

5. Émilie et Patrick **visitent** la galerie d'art.

6. Vous vous **préparez** pour aller au travail.

7. Je **découvre** ce livre sur la peinture canadienne du début du XXᵉ siècle.

2.2 Passé récent, présent progressif ou futur avec aller? Choisissez le temps qui convient.

1. Nous mettons notre manteau et nous sortons de la maison dans quelques minutes.

2. Mélanie réserve son billet d'avion. Elle part aussitôt après la période des examens.

3. Je fais ma valise, j'appelle un taxi et ensuite je pars à l'aéroport.

4. Elle prend sa douche et elle s'habille.

5. Vous arrivez. Le conférencier se prépare et il commence bientôt son discours.

6. Le journaliste interviewe le politicien. Il écrit son article. Il le publie dans le journal de demain.

2.3   Par groupes de deux, retrouvez l'ordre des actions suivantes et mettez les verbes au présent progressif ou au passé récent.

› *Nicolas et Vincent* ▮ *quitter le bureau* ▮ *finir de travailler* _____

   *Nicolas et Vincent **viennent de finir** de travailler. Ils **sont en train de quitter** le bureau.*

1. Les étudiants ▮ rentrer dans la classe ▮ écouter le prof _____

   _____

2. Paul ▮ faire les courses ▮ sortir de chez lui _____

   _____

3. Les enfants ▮ enlever leur manteau ▮ arriver à l'école _____

   _____

4. Je ▮ te rappeler à mon retour ▮ promener le chien _____

   _____

5. Mélanie ▮ finir ses devoirs ▮ jouer du piano _____

   _____

6. Je lis ▮ ne me dérange pas _____

   _____

3   LA CAUSE, LA CONSÉQUENCE, LE BUT

3.1   Complétez les phrases suivantes. Utilisez une expression de conséquence, de cause ou de but.

1. L'été arrive _____ nous allons partir en vacances.

2. Elle veut devenir chirurgienne _____ elle a besoin d'excellentes notes.

3. L'enfant a pu être sauvé des flammes _____ la persévérance des pompiers.

4. Je ne sortirai pas ce soir _____ mauvais temps.

5. _____ tu es malade, nous appellerons le médecin.

6. Il ne pouvait pas prendre de vacances _____ il n'avait pas d'argent.

7. _____ l'effort qu'il a fourni, il a brillamment réussi ses examens.

8. Nous allons souvent au laboratoire de langues, _____ nous améliorons

   notre prononciation.

9. Brigitte est très sociable et généreuse, _____ elle a beaucoup d'amis.

10. Le politicien rencontre beaucoup d'électeurs _____ les convaincre de

   voter pour lui.

11. Claude gagne toutes les courses, _____ il fera partie de l'équipe nationale.

12. Elle veut être vétérinaire _____ elle aime beaucoup les animaux.

13. _____ tu dois travailler ce soir-là, nous partirons en vacances tard dans la soirée.

14. Mes parents m'ont offert un beau cadeau _____ c'était mon vingtième anniversaire.

15. Nous faisons du vélo _____ rester en forme.

3.2 Par groupes de deux, complétez librement ces phrases.

1. Puisque tu es bonne en maths… _____

_____

2. Nous avons démissionné à cause de… _____

3. Comme la nuit tombe tôt… _____

4. Parce qu'elle veut aller vivre en Espagne… _____

_____

5. Elle a réussi ce concours grâce à… _____

_____

6. Nous sortons parce que… _____

_____

3.3 Faites des phrases avec les mots suivants.

1. grâce à _____

_____

2. pour _____

3. parce que _____

_____

4. puisque _____

_____

5. comme _____

_____

6. alors _____

4 QUELQUES VERBES SUIVIS DE PRÉPOSITIONS

4.1 Mettez la préposition qui convient.

1. Si tu ne trouves pas le magasin, demande _____ quelqu'un.

2. Nous finissions _____ travailler à 18 h.

3. Vous envoyez ce paquet _____ qui ?

4. Les enfants refusent _____ prendre leur douche.

5. Je me souviens très bien _____ cette histoire.

6. Pourriez-vous vous occuper _____ ce nouveau projet?

4.2 Faites des phrases avec les verbes suivants.

1. demander _____

   _____

2. s'occuper _____

   _____

3. aller _____

   _____

4. dire _____

   _____

5. offrir _____

   _____

6. écrire _____

   _____

7. acheter _____

   _____

5 LE CONDITIONNEL PRÉSENT

5.1 Complétez les phrases suivantes avec le verbe qui convient au conditionnel présent.

| ○ être | ○ faire | ○ proposer | ○ interpréter | ○ pleurer |
| ○ aimer | ○ avoir | ○ remplir | ○ pratiquer | |

J' _____ (1) être pianiste. J' _____ (2) les œuvres extraordi-naires des compositeurs classiques. Je _____ (3) le tour du monde et tous les grands orchestres me _____ (4) des concerts. Le public _____ (5) des salles entières et _____ (6) d'émotion. Je _____ (7) mon piano des heures durant et j' _____ (8) la possibilité de me consacrer entièrement à mon travail d'artiste. Oh, ce _____ (9) vraiment le rêve. Malheureusement, pour le moment, je suis obligé de donner des cours de musique à des enfants qui préfèrent aller jouer au ballon.

5.2 Conjuguez les verbes au conditionnel présent.

1. Aimer faire du ski l'hiver prochain. (nous) _____

   _____

2. Vouloir réussir ses examens. (elle) _____

3. Devoir dormir au moins huit heures par nuit. (les enfants) _____

4. Vouloir partir en vacances avant la fin de la période d'examens ? (tu) _____

5. Souhaiter voir quatre films par jour. (je) _____

6. Pouvoir revenir dans cinq minutes ? (vous) _____

5.3 Complétez les phrases selon le modèle : si + présent et futur.

) *Si vous ne révisez pas vos leçons,* ***vous ne réussirez jamais.***

1. Si tu as du temps libre, _____

2. Si vous oubliez de me téléphoner, _____

3. Si elle n'est pas là, _____

4. Si tu déménages, _____

5. Si Marie-Laure refuse ce poste, _____

5.4 Complétez les phrases selon le modèle : si + imparfait et conditionnel.

) *Si j'étais toi,* ***je n'irais pas à cette fête bizarre.***

1. Si j'étais Einstein, _____

2. Si j'étais Bill Gates, _____

3. Si j'étais Gustave Eiffel, _____

4. Si j'étais ministre de la Culture, _____

5. Si j'étais Léonard de Vinci, _____

5.5 Mettez les verbes aux temps qui conviennent.

1. Si vous (se réveiller) _____ à l'heure, nous ne manquerons pas notre avion.

2. Ce (être) _____ bien si nous pouvions aller camper ce week-end.

3. Si je fais ce voyage, (remplacer) _____ -moi quelques jours au travail, s'il te plaît.

4. Je (venir) _____ seulement si le sujet de la conférence m'intéresse.

5. Si tu veux, tu (pouvoir) _____ prendre ce dossier à la maison.

6. Si elle ne (partir) _____ pas si tôt en vacances, elle pourrait aller à la fête d'anniversaire de Patrice.

7. (parler) _____ si vous avez quelque chose à dire.

8. Essaye ces chaussures si elles te (plaire) _____ .

⓺ EXERCICES VARIÉS

6.1 Conjuguez les verbes du texte suivant aux temps qui conviennent : passé composé ou imparfait.

Nous (marcher) _____ (1) au bord de la route. Il (faire) _____ (2)

froid et une pluie fine (commencer) _____ (3) à tomber. Tout à coup, une voiture

superbe (s'arrêter) _____ (4) devant nous. Les vitres (être) _____ (5)

teintées et nous (ne pas pouvoir) _____ (6) voir qui (se trouver) _____

_____ (7) à l'intérieur. Le chauffeur (baisser) _____ (8)

la vitre et nous (demander) _____ (9) son chemin. Il (être) _____

_____ (10) perdu. Il (avoir) _____ (11) l'air agréable, alors

nous lui (proposer) _____ (12) de l'accompagner jusqu'au centre-

ville. Nous (monter) _____ (13) dans la voiture et à notre grande surprise,

sur la banquette arrière, nous (voir) _____ (14) un vieux monsieur avec une

longue barbe grise. Il (porter) _____ (15) une robe noire couverte d'étoiles brillantes et il

(sembler) _____ (16) sorti tout droit d'un conte pour enfants.

6.2 Imaginez la suite de l'histoire.

_____

_____

_____

_____

_____

_____

6.3 Conjuguez les verbes au futur simple ou au futur avec aller.

1. Je (avoir) _____ dix ans la semaine prochaine.

2. Vous (écrire) _____ cet article tout de suite, c'est urgent.

3. Comment ! tu (ne pas venir) _____ à la fête du bureau ?

4. Si j'ai le temps, j'(aller) _____ à la bibliothèque chercher ce livre.

5. Tu (obtenir) _____ ton diplôme l'année prochaine ?

6. Venez nous voir, nous (être) _____ en Provence tout l'été.

7. Demain, le soleil (se coucher) _____ vers 19 h 30.

8. Stéphanie, j'ai une nouvelle qui t'(intéresser) _____ .

6.4 Faites des phrases en mettant dans le bon ordre les mots suivants.

1. avec | et | parler | tu | enfants | français | tes | pourrais | un | faire | effort

2. acheter | cette | beaucoup | d' | nous | qui | plaît | nous | maison | venons

3. sur | cette | excursion | bateau | beaucoup | allez | le | Saint-Laurent | vous | aimer | en

4. de | Amar | influence | la | voudrait | débat | participer | publicité | sur | l' | néfaste | au

5. quand | photographes | étaient | commencé | a | les | place | sur | spectacle | le

〉 RÉDIGEZ

1. Imaginez que sur la terre entière, on ne parle qu'une seule langue. Choisissez la langue parlée et décrivez comment serait la vie dans le monde. Utilisez le conditionnel présent.

) PRONONCEZ

piste 46 1 **Dites si vous entendez un verbe à l'infinitif ou un nom.**

	Verbe	Nom	Verbe et nom
1			
2			
3			
4			
5			
6			
7			
8			
9			
10			

piste 47 2 **Dites si la phrase que vous entendez est au passé composé, à l'imparfait, au futur avec aller, au passé récent, au futur simple ou au conditionnel.**

	1	2	3	4	5	6	7	8	9	10
passé composé										
imparfait										
futur avec **aller**										
passé récent										
futur simple										
conditionnel										

piste 48 3 **Écoutez les phrases et choisissez la situation qui correspond à chacune d'elles.**

a) Dans un magasin de chaussures _____

b) Pour réserver une chambre d'hôtel _____

c) Au guichet de la salle de concert _____

d) Au kiosque à journaux _____

module 4 | unité 12

e) À l'agence de voyages

f) À l'aéroport

g) Au bureau

h) Une publicité à la télévision

piste 49 **4. LES HOMOPHONES** **Écoutez et complétez les phrases avec** vers, vert, verts **ou** verre**.**

Je me dirigeais _____ le centre-ville. Quelle circulation ! _____ chez moi, il y a eu un accident et j'ai décidé de quitter l'autoroute. Heureusement, tous les feux étaient _____ . Je suis arrivé en avance et, comme le concert commençait une heure plus tard, j'ai eu le temps de prendre un _____ . J'ai bu une menthe à l'eau. _____ 7 h 30, je suis allé à mon concert.

⟩ LISEZ

1. Lisez les textes suivants.

La psychologie

L'homme n'est pas seulement objet d'étude, il est aussi, et surtout, le point d'impact de toutes les applications de la psychologie. Le psychologue doit comprendre le fonctionnement des processus mentaux, des mécanismes de défense et les manifestations affectives dont certaines peuvent être agressives, des motivations profondes, conscientes ou inconscientes de celui qui vient le consulter ou que la société lui a confié, il doit comprendre pour l'aider, pour l'accompagner, pour l'éduquer. Le psychologue doit prédire. Prédire et prévoir pour anticiper, canaliser, atténuer les réactions de celui qui vient de subir un choc affectif à la suite d'un deuil, d'un accident, d'une catastrophe ou du chômage. Prévoir pour prescrire, pour conseiller, pour aider le consultant à se projeter dans le futur et à affronter avec confiance son avenir. Le psychologue doit adapter, réadapter, permettre la réinsertion professionnelle et sociale des chômeurs, des délinquants, des malades, des handicapés, des victimes de fléaux naturels ou sociaux, etc. Nous n'épuiserons pas la liste des secteurs et des types d'activité qui aujourd'hui, et sans doute davantage demain, font ou feront appel à la compétence d'un psychologue.

L'objet de la psychologie est donc polymorphe, ses applications multiples et ses secteurs d'activité extrêmement variés.

Pierre BENEDETTO, *Introduction à la psychologie*,
coll. Les Fondamentaux, Paris, © Hachette Livre, 2000.

« Je voudrais que vous m'appreniez à lire... »

« Je voudrais que vous m'appreniez à lire et à écrire, s'il vous plaît », dit Mondo.

Le vieil homme restait immobile, mais il n'avait pas l'air étonné.

« Tu ne vas pas à l'école ? »

« Non monsieur », dit Mondo.

Le vieil homme s'asseyait sur la plage, le dos contre le mur, le visage tourné vers le soleil. Il regardait devant lui, et son expression était très calme et douce, malgré son nez busqué et les rides qui coupaient ses joues. Quand il regardait Mondo, c'était comme s'il voyait à travers lui, parce que ses iris étaient si clairs. Puis il y avait une lueur d'amusement dans son regard, et il dit :

« Je veux bien t'apprendre à lire et à écrire, si c'est ça que tu veux. » Sa voix était comme ses yeux, très calme et lointaine, comme s'il avait peur de faire trop de bruit en parlant.

« Tu ne sais vraiment rien du tout ? »

« Non monsieur », dit Mondo.

L'homme avait pris dans son sac de plage un vieux canif à manche rouge et il avait commencé à graver les signes des lettres sur des galets bien plats. En même temps, il parlait à Mondo de tout ce qu'il y a dans les lettres, de tout ce qu'on peut y voir quand on les regarde et quand on les écoute. Il parlait de A qui est comme une grande mouche avec ses ailes repliées en arrière, de B qui est drôle, avec ses deux ventres, de C et D qui sont comme la lune, en croissant et à moitié pleine, et O qui est la lune tout entière dans le ciel noir. Le H est haut, c'est une échelle pour monter aux arbres et sur le toit des maisons, E et F, qui ressemblent à un râteau et à une pelle, et G, un gros homme assis dans un fauteuil, I danse sur la pointe de ses pieds, avec sa petite tête qui se détache à chaque bond, pendant que J se balance ; mais K est cassé comme un vieillard, R marche à grandes enjambées comme un soldat, et Y est debout, les bras en l'air et crie : au secours ! L est un arbre au bord de la rivière, M est une montagne ; N est pour les noms, et les gens saluent de la main, P dort sur une patte et Q est assis sur sa queue : S, c'est toujours un serpent, Z toujours un éclair, T est beau, c'est comme le mât d'un bateau, U est comme un vase. V, W, ce sont des oiseaux, des vols d'oiseaux, X est une croix pour se souvenir.

Jean-Marie Gustave Le Clézio, *Mondo et autres histoires*, coll. Folio, Paris, Folio, © Les Éditions Gallimard, 1978, p. 60-61.

AUTO-ÉVALUATION, MODULE 4

Évaluez vos connaissances selon ces cinq critères.

	😊	😐	😟
I. COMPRÉHENSION ORALE			
• Je comprends quand quelqu'un me raconte une histoire au passé.			
• Je comprends quand quelqu'un me parle de ses projets d'avenir.			
• Quand j'écoute la météo, je comprends.			
• Je comprends des conversations sur l'éducation.			
• Je suis les débats, les dialogues.			
• Je comprends le message d'une publicité.			
II. PRODUCTION ORALE			
• Je sais raconter au passé.			
• Je sais exprimer mon mécontentement.			
• Je sais parler de mes projets d'avenir.			
• Je sais donner de l'information sur le système d'éducation de mon pays.			
• Je sais présenter la météo.			
• Je sais faire des réservations de chambres d'hôtel.			
• Je sais parler de l'éducation d'un membre de ma famille.			
• Je sais parler de l'avenir de ma ville (mon pays).			
• Je sais présenter une publicité.			
III. OBJECTIFS LEXICAUX			
• Je peux utiliser le vocabulaire de l'éducation.			
• Je peux employer le vocabulaire de la météo.			
• Je peux utiliser le vocabulaire de la publicité.			
IV. OBJECTIFS GRAMMATICAUX			
• Je sais conjuguer les verbes au futur.			
• Je sais employer les pronoms relatifs.			
• Je sais construire des phrases avec **si + futur**.			
• Je sais construire des phrases avec **ne... que**.			
• Je sais faire des phrases en employant le passé récent et le présent progressif.			

IV. OBJECTIFS GRAMMATICAUX (SUITE)

• Je sais employer les expressions de la cause, de la conséquence et du but.			
• Je sais distinguer les verbes suivis de la préposition **à** ou **de**.			
• Je sais conjuguer les verbes au conditionnel présent.			

V. OBJECTIFS CULTURELS

• Je peux parler de la Suisse, de Monaco et du Luxembourg.			
• J'ai des notions d'histoire sur Haïti.			

█ ACTIVITÉ 1.1

Comment poser des questions avec quel

Poser des questions avec quel.

Répondre à des questions liées à l'identité.

Posez les questions suivantes à trois étudiants de la classe, remplissez les fiches ci-dessous puis présentez les étudiants à la classe.

1. Quel est votre nom ?

2. Quelle est votre adresse ?

3. Quelle est votre profession ?

4. Quelle est votre nationalité ?

⟩ *Il/elle s'appelle...*
Il/elle habite...
Il/elle est ...

Nom/prénom	
Adresse	
Profession	
Nationalité	

Nom/prénom	
Adresse	
Profession	
Nationalité	

Nom/prénom	
Adresse	
Profession	
Nationalité	

ACTIVITÉ 1.2

Jouer avec les verbes

Employer les verbes en er et le verbe être.

Par groupes de deux ou trois, complétez les phrases suivantes avec le verbe qui convient. Attention, il y a plusieurs possibilités par phrase. Cherchez toutes les possibilités.

1. Les étudiants _____ à l'université.

2. Nous _____ Paris.

3. Vous _____ la télévision.

4. Pascal _____ belge.

5. Tu _____ la radio.

6. Quel _____ votre nom ?

7. Je _____ journaliste.

8. Elle _____ à Toronto.

9. Jacqueline et Patricia _____ au football.

10. Qu'est-ce que vous _____ ? La musique classique ou le rock ?

11. À Québec, on _____ français.

12. Francine _____ Philippe.

13. Ils _____ la Galerie des beaux-arts.

14. Vous _____ à l'université ?

15. Je/J' _____ les films français.

16. On _____ français en France.

ACTIVITÉ 1.3

Quel est ce mot ?

Pratiquer l'alphabet.

Faites une copie de la page, découpez les cartes et retournez-les sur la table. Puis, à tour de rôle, par groupes de trois ou quatre, prenez une carte et épelez le mot inscrit. Les autres doivent deviner le mot épelé.

étudier	parler	informaticien	magasin	nationalité
bibliothèque	commerçant	acteur	musicien	profession
psychologie	petit	cahier	s'appeler	Montréal
avocat	église	intéressant	Belgique	infirmière

ACTIVITÉ 2.1

Comment demander une information

Employer le verbe avoir et la négation.

Poser des questions avec est-ce que.

Posez les questions à différents étudiants de la classe, comme dans le modèle.

⟩ *Cherchez quelqu'un qui n'a pas de radio.*

Étudiant A : *Est-ce que tu as une radio ?*

Étudiant B : *Oui, j'ai une radio.*

Étudiant A : *Est-ce que tu as une radio ?*

Étudiant C : *Non, je n'ai pas de radio.*

Inscrivez le nom de l'étudiant C à côté de « Cherchez quelqu'un qui n'a pas de radio » et passez à la question suivante.

Cherchez quelqu'un qui :	
1. aime étudier	
2. déteste le ski	
3. ne regarde pas la télévision	
4. n'a pas d'ordinateur	
5. a un piano à la maison	
6. a un chat noir	
7. aime l'opéra	
8. a chaud en hiver	
9. a envie d'un café maintenant	
10. n'a pas de cousins ni de cousines	

Présentez votre tableau à la classe :

⟩ *François aime étudier.*

Christine déteste le ski.

module 1 › unité 2

ACTIVITÉ 2.2 – Étudiant A

Parler de ses préférences

> Exprimer ses goûts.
> Utiliser les structures :
> aimer, adorer, préférer, détester + le, la, les, l'
> aimer, adorer, préférer, détester + verbe à l'infinitif

Par groupes de deux, posez des questions à votre partenaire (étudiant B) pour obtenir les informations manquantes dans le tableau qui suit.

› **Étudiant A :** *Qu'est-ce que François aime ?*
› **Étudiant B** *: Il aime le football.*

Posez les mêmes questions à deux ou trois étudiants dans la classe.

› *Qu'est-ce que vous aimez, tu aimes ?*
› *Qu'est-ce que vous préférez, tu préfères ?*

	aimer	adorer	préférer	détester
François		manger des biscuits		écouter la musique classique
Monique		les voyages	les films d'horreur	
Pierre	les jeux vidéo			le sport
Étudiant 1				
Étudiant 2				
Étudiant 3				

Présentez votre tableau à la classe :

› *François aime…, il adore manger des biscuits, il préfère…, il déteste écouter la musique classique.*
› *Étudiant 1 aime…, adore…, préfère…, déteste…*

ACTIVITÉ 2.2 – Étudiant B

Parler de ses préférences

Exprimer ses goûts.
Utiliser les structures :
aimer, adorer, préférer, détester + le, la, les, l'
aimer, adorer, préférer, détester + verbe à l'infinitif

Par groupes de deux, posez des questions à votre partenaire (étudiant A) pour obtenir les informations manquantes dans le tableau qui suit.

⟩ **Étudiant B :** *Qu'est-ce que François adore ?*
Étudiant A : *Il adore manger des biscuits.*

Posez les mêmes questions à deux ou trois étudiants dans la classe.

⟩ *Qu'est-ce que vous adorez, tu adores ?*
Qu'est-ce que vous détestez, tu détestes ?

	aimer	adorer	préférer	détester
François	le football		le ski	
Monique	écouter le jazz			l'hiver
Pierre		lire des magazines technologiques	le cinéma	
Étudiant 1				
Étudiant 2				
Étudiant 3				

Présentez votre tableau à la classe :

⟩ *François aime le football, il adore…, il préfère le ski, il déteste…*
Étudiant 1 aime…, adore…, préfère…, déteste…

■ ACTIVITÉ 3.1 – Étudiant A

Comment parler du lieu où l'on est, où l'on va, d'où l'on vient

Utiliser les prépositions de lieu.

Employer les verbes habiter, aller et venir.

Poser des questions avec où est-ce que et d'où est-ce que.

Présentez votre tableau à la classe :

François aime…, il adore manger des biscuits, il préfère…, il déteste écouter la musique classique.

Étudiant 1 aime…, adore…, préfère…, déteste…

Par groupes de deux, posez des questions à votre partenaire (étudiant B) pour obtenir les informations manquantes dans le tableau qui suit.

	Habiter	Venir de	Aller à
Bruno	France		
Eugénie		la bibliothèque	
Claudine		le magasin	la maison
Philippe	Genève		Montréal
Les enfants			le parc
Patricia	Luxembourg	le restaurant	

ACTIVITÉ 3.1 – Étudiant B

Comment parler du lieu où l'on est, où l'on va, d'où l'on vient

Utiliser les prépositions de lieu.

Employer les verbes habiter, aller et venir.

Poser des questions avec où est-ce que et d'où est-ce que.

Par groupes de deux, posez des questions à votre partenaire (étudiant A) pour obtenir les informations manquantes dans le tableau qui suit.

Étudiant B : *Où habite Bruno ?*

Étudiant A : *Il habite en France.*

Continuez avec Eugénie, Claudine, Philippe…

	Habiter	Venir de	Aller à
Bruno		l'université	le cinéma
Eugénie	Canada		la piscine
Claudine	Belgique		
Philippe		Paris	
Les enfants	Sénégal	l'école	
Patricia			le théâtre

▌ **ACTIVITÉ 3.2**

Comment parler de ses activités, de ses loisirs

Poser des questions.

Employer les verbes aller et venir + préposition.

Trouver la place des adverbes dans la phrase.

Par groupes de deux, formulez les questions du tableau, puis posez ces questions à trois étudiants dans la classe.

Quand cela est possible, utilisez les adverbes beaucoup, bien, souvent, toujours, de temps en temps...

⟩ *Où vas-tu le week-end?*

Je vais à la discothèque.

	Étudiant 1	Étudiant 2	Étudiant 3
Où/aller/le week-end			
D'où/venir/ses parents			
Qu'est-ce que/faire/le soir			
Quel/jour/semaine/préférer			
À/quelle/heure/se réveiller			
Aimer/voyager			
Se coucher/à/quelle/heure			
Quel/être/ton lieu de naissance			

ACTIVITÉ 4.1

Comment mieux se connaître

Poser des questions.

Parler d'activités culturelles et sportives.

Utiliser le vocabulaire de la famille.

Par groupes de deux, travaillez la formulation des questions, puis posez les questions à trois étudiants dans la classe. Utilisez l'inversion ou la question avec est-ce que.

	Étudiant 1	Étudiant 2	Étudiant 3
Demander la profession.			
Demander à quelle heure il/elle commence sa journée.			
Demander où il/elle travaille/étudie.			
Demander ce qu'il/elle aime comme sport.			
Demander quelles activités il/elle préfère.			
Demander de parler de sa famille.			

ACTIVITÉ 4.2 – Étudiant A

Comment parler de son emploi du temps

Poser des questions.

Parler des activités quotidiennes et de l'heure.

Donnez votre horaire dans la colonne «Moi» du tableau, puis, par groupes de deux, posez des questions à votre partenaire pour obtenir les informations manquantes dans le tableau.

⟩ **Étudiant A :** *À quelle heure se lève Mélanie ?*

  Étudiant B : *Mélanie se lève à 9 heures.*

	Georges	Mélanie	Moi	Étudiant B
Se lever	7 h			
Commencer à étudier		8 h 30		
Déjeuner		12 h		
Finir d'étudier ou de travailler	17 h 15			
Rentrer à la maison	17 h 45			
Dîner		19 h		
Aller au cinéma		21 h		

ACTIVITÉ 4.2 – Étudiant B
Comment parler de son emploi du temps

Poser des questions.
Parler des activités quotidiennes et de l'heure.

Donnez votre horaire dans la colonne «Moi» du tableau, puis, par groupes de deux, posez des questions à votre partenaire pour obtenir les informations manquantes dans le tableau.

Étudiant B : *À quelle heure Georges finit-il de travailler ?*

Étudiant A : *Georges finit de travailler à 17h15.*

	Georges	Mélanie	Moi	Étudiant A
Se lever		9h		
Commencer à étudier	11h			
Déjeuner	13h			
Finir d'étudier ou de travailler		14h30		
Rentrer à la maison		19h		
Dîner	21h30			
Aller au cinéma	22h			

ACTIVITÉ 5.1 – Étudiant A

Comment communiquer

Localiser des lieux.
Utiliser le vocabulaire de l'environnement.
Employer le présent et le passé composé.

Pour chacun des énoncés, formulez des questions, puis posez ces questions par groupes de deux.

Inviter à aller au gymnase après le cours.	
Demander où se trouve sa maison.	
Demander comment on fait la collecte des déchets dans sa ville/son quartier.	
Demander quelles ont été ses activités lors des dernières vacances.	
Demander quelles activités sportives il/elle a pratiquées à 14 ans.	

ACTIVITÉ 5.1 – Étudiant B

Comment communiquer

Localiser des lieux.

Utiliser le vocabulaire de l'environnement.

Employer le présent et le passé composé.

Pour chacun des énoncés, formulez des questions, puis posez ces questions par groupes de deux.

Demander à quelle heure il/elle s'est couché(e) hier soir.	
Demander où il/elle a habité il y a 10 ans.	
Demander ce qu'il/elle trie quand il/elle jette les ordures.	
Demander quand il/elle a vu un film.	
Demander où est sa ville/sa région préférée.	

ACTIVITÉ 5.2 – Étudiant A

S'exprimer au passé

Employer le passé composé.

Distinguer les auxiliaires avoir et être.

Hier, Didier, Nadine… n'ont pas terminé leur travail. Pourquoi ? Ils ont tous une raison. Par groupes de deux, posez des questions à votre partenaire pour obtenir les informations manquantes dans le tableau.

› **Étudiant A :** *Pourquoi Nadine n'a-t-elle pas terminé son travail hier ?*

Étudiant B : *Elle est allée faire du ski.*

Répondez en employant le passé composé.

Didier	Tomber malade.	
Nadine		
Patricia	Partir en vacances.	
Frédéric et Martine	Préparer le mariage de leur fille.	
François		
Henri	Regarder la télévision toute la nuit.	
Lucie		
Sylvain		
Sophie	Faire des courses.	
Dominique		

ACTIVITÉ 5.2 – Étudiant B

S'exprimer au passé

Employer le passé composé.

Distinguer les auxiliaires avoir et être.

Hier, Didier, Nadine… n'ont pas terminé leur travail. Pourquoi ? Ils ont tous une raison. Par groupes de deux, posez des questions à votre partenaire pour obtenir les informations manquantes dans le tableau.

Étudiant B : *Pourquoi Didier n'a-t-il pas terminé son travail hier ?*

Étudiant A : *Il est tombé malade.*

Répondez en employant le passé composé.

Didier		
Nadine	Aller faire du ski.	
Patricia		
Frédéric et Martine		
François	Ne pas réussir à se concentrer.	
Henri		
Lucie	Décider d'arrêter ses études.	
Sylvain	Recevoir des invités.	
Sophie		
Dominique	Devoir aider ses parents.	

ACTIVITÉ 6.1 – Étudiant A

L'alimentation

Se servir des partitifs.

Utiliser le vocabulaire de la nourriture.

Par groupes de deux, posez les questions suivantes à votre partenaire, puis répondez à ses questions. Attention aux articles à utiliser.

1. Aimez-vous manger à la maison ?

2. Buvez-vous beaucoup d'eau ?

3. Quel vin buvez-vous avec de la viande ?

4. Combien de repas faites-vous par jour ?

5. À quelle heure déjeunez-vous ?

6. Prenez-vous un dessert, en général ?

7. Savez-vous cuisiner ? Quels plats préparez-vous ?

8. Qu'est-ce que vous détestez manger ?

ACTIVITÉ 6.1 – Étudiant B

L'alimentation

> Se servir des partitifs.
> Utiliser le vocabulaire de la nourriture.

Par groupes de deux, posez les questions suivantes à votre partenaire, puis répondez à ses questions. Attention aux articles à utiliser.

1. Allez-vous souvent au restaurant ?

2. Combien de plats y a-t-il dans un repas traditionnel français ? Et chez vous ?

3. Mangez-vous assez de fruits et de légumes ?

4. Quelle boisson détestez-vous ?

5. Prenez-vous du sucre dans votre café ?

6. Quel est votre fromage préféré ?

7. Aimez-vous le pain ?

8. Mangez-vous les mêmes fruits en été et en hiver ?

■ SYNTHÈSE

Jeu de l'oie

Faire la synthèse des unités 1 à 6 dans un jeu de connaissances grammaticales, lexicales et culturelles.

Matériel : planche de jeu (p. 172)
dé
pions

Chaque étudiant lance le dé et avance son pion. Il doit répondre à la question qui correspond au nombre de la case. (Si l'étudiant arrive sur la case 5, par exemple, il doit répondre à la question 5. S'il ne peut pas répondre à la question, il passe le prochain tour.)

1. Qu'est-ce que Marion étudie ?

2. Quelle est la capitale du Québec ?

3. Quelle est la nationalité de Confucius ?

4. Qui est Roberta Bondar ?

5. Comment dit-on **feu de circulation** au Québec ?

6. Est-ce que tu as des disques de rock ?

7. Mettez ces deux phrases à la forme négative :
Ce sont des exercices difficiles.
Elle a des amis allemands.

8. Quels jours étudiez/travaillez-vous ? À quelle heure ?

9. Quelle saison préférez-vous ? Pourquoi ?

10. Quelle est la nationalité d'Albert Jacquard ? Dans quelle ville est-il né ?

11. Complétez cette phrase : Comment ? Tu ne _____ pas le musée du Louvre ?

12. Où allez-vous pendant les vacances ?

13. Demandez à un autre joueur d'aller avec vous quelque part samedi soir.

14. Qu'est-ce que vous faites le soir ?

15. Combien font 62 – 14 ?

16. Dans quel continent est né Cheick Modibo Diarra ?

17. Où est Abidjan ?

18. Composez une phrase avec le verbe **prendre**.

19. Racontez une journée typique de la semaine.

20. Donnez deux phrases dans lesquelles le verbe **faire** a un sens différent.

21. Tu pratiques des sports ? Lesquels ?

22. Citez les pays du Maghreb.

23. Quelles sont les professions de Malika Mokeddem ?

24. Décrivez le bureau du professeur. Utilisez les prépositions de localisation.

25. Qu'est-ce que vous devez faire aujourd'hui ?

26. Racontez votre journée d'hier.

27. Quand avez-vous lu votre dernier livre ? Racontez-le.

28. Comment vous rendez-vous à vos cours ? Expliquez quel chemin vous prenez.

29. Vous refusez de sortir avec des amis. Donnez une bonne excuse.

30. Qu'est-ce que le neuvième art ?

31. Qu'est-ce que vous prenez pour votre petit-déjeuner en général ?

32. Dites à un autre joueur de se lever, de tourner sur un pied et d'applaudir.

33. S'il neige beaucoup, qu'est-ce que vous faites ?

34. Qu'est-ce que mange un sportif ?

35. Qu'est-ce que **le créole** ?

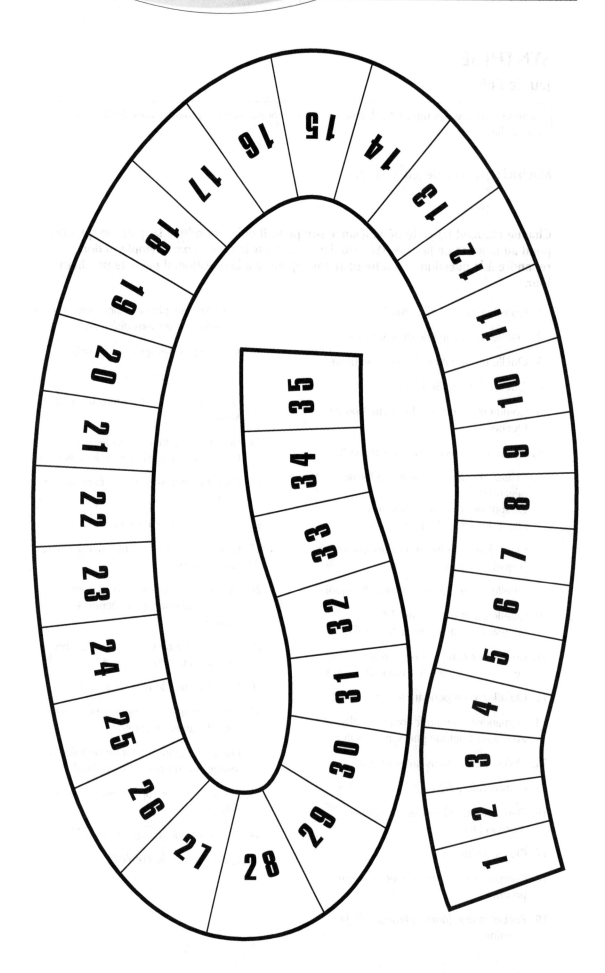

ACTIVITÉ 7.1 – Étudiant A

Les vacances

> Prendre contact avec quelqu'un.
> Réviser le passé composé.
> Réutiliser le vocabulaire des vacances.

Par groupes de deux, posez les questions suivantes à votre partenaire.

1. Alors, tes vacances se sont bien passées ?

2. Quand est-ce que tu es rentré(e) de vacances ?

3. Qu'est-ce que tu as fait pendant les vacances ?

4. Vous vous êtes promenés dans la région ?

5. Vous êtes partis en avion ou en voiture ?

6. Tu as rencontré tes amis ?

7. Tu es resté(e) chez toi ? Tu n'es pas allé(e) à la montagne ni à la mer ?

ACTIVITÉ 7.1 – Étudiant B

Les vacances

Prendre contact avec quelqu'un.
Réviser le passé composé.
Réutiliser le vocabulaire des vacances.

Par groupes de deux, posez les questions suivantes à votre partenaire.

1. Vous êtes partis quand ?

2. Tu y es allé(e) comment ?

3. Vous avez loué une voiture ou vous avez pris le train ?

4. Combien de fois par an est-ce que tu pars en vacances ?

5. Vous avez rendu visite à vos amis ?

6. Est-ce que tu es parti(e) à la mer ?

7. Tu as passé de bonnes vacances ?

■ ACTIVITÉ 7.2 – Étudiant A

Les agendas

> Poser des questions sur l'emploi du temps.
> Réviser l'heure et le vocabulaire des activités quotidiennes.
> Pratiquer l'interrogation.

Par groupes de deux, posez des questions à votre partenaire pour obtenir les informations manquantes dans le tableau.

Étudiant A : *À quelle heure est-ce que tu commences ta journée ?*

Étudiant B : *Je commence ma journée à 8 heures à la piscine.*

8 h 00	
8 h 30	
9 h 00	Cours de biologie
9 h 30	
10 h 00	
10 h 30	Laboratoire de langues
11 h 00	
11 h 30	
12 h 00	Resto U – rendez-vous avec Patricia
12 h 30	
13 h 00	
13 h 30	Salle de gym
14 h 00	
14 h 30	Bibliothèque (étudier pour le test de français)
15 h 00	
15 h 30	
16 h 00	Courses au supermarché
16 h 30	
17 h 00	
17 h 30	Rendez-vous chez le dentiste
18 h 00	
18 h 30	
19 h 00	Dîner
19 h 30	
20 h 00	Cinéma avec Pierre

■ ACTIVITÉ 7.2 – Étudiant B

Les agendas

Poser des questions sur l'emploi du temps.

Réviser l'heure et le vocabulaire des activités quotidiennes.

Pratiquer l'interrogation.

Par groupes de deux, posez des questions à votre partenaire pour obtenir les informations manquantes dans le tableau.

) **Étudiant B :** *Où dînes-tu ?*

Étudiant A : *Au resto U.*

8 h 00	Piscine
8 h 30	
9 h 00	Test de psychologie
9 h 30	
10 h 00	
10 h 30	
11 h 00	Café avec Didier
11 h 30	
12 h 00	Cafétéria avec André
12 h 30	
13 h 00	Préparer l'exposé à la bibliothèque
13 h 30	
14 h 00	
14 h 30	
15 h 00	Rentrer à la maison
15 h 30	
16 h 00	
16 h 30	Cuisiner
17 h 00	
17 h 30	
18 h 00	
18 h 30	Étudier avec les copains
19 h 00	
19 h 30	
20 h 00	

ACTIVITÉ 8.1 – Étudiant A

Le travail

Répondre à des questions.
Utiliser le vocabulaire du travail.

Par groupes de deux, posez les questions suivantes à votre partenaire.

1. Tu cherches du travail dans quel domaine ?

2. Tu as de l'expérience ?

3. C'est pour le poste vacant ? Vous avez rendez-vous ?

4. Qu'est-ce qui t'intéresse dans ce poste ?

5. Quelles sont tes qualités ?

6. Vous connaissez déjà le salaire, n'est-ce pas ?

ACTIVITÉ 8.1 – Étudiant B

Le travail

Répondre à des questions.
Utiliser le vocabulaire du travail.

Par groupes de deux, posez les questions suivantes à votre partenaire.

1. Est-ce que tu as envoyé ton CV ?

2. Depuis combien de temps tu travailles ici ?

3. Pourquoi tu as quitté ton emploi ?

4. Tu préfères travailler en équipe ou seul ?

5. Quels sont tes défauts ?

6. Vous êtes prêt(e) à travailler le week-end ?

■ ACTIVITÉ 8.2

Comment nuancer

Nuancer le sens d'une phrase avec les adverbes.

Placer l'adverbe au bon endroit dans la phrase.

Posez les questions suivantes à des étudiants différents. Lorsque c'est à votre tour de répondre, faites attention à la place de l'adverbe.

Étudiant A : *Allez-vous au concert ?*

Michel : *Je ne vais jamais au concert.*

Écrivez le nom de Michel dans la colonne correspondante.

	jamais	rarement	quelquefois	souvent	toujours
Allez-vous au concert ?					
Prenez-vous le bus ?					
Mangez-vous à 16 heures ?					
Arrivez-vous à l'heure ?					
Jouez-vous aux cartes ?					
Est-ce que vous avez besoin d'un ordinateur ?					
Lisez-vous le journal ?					
Est-ce que vous faites le ménage et la lessive ?					

ACTIVITÉ 8.3

Faire une biographie

Raconter des événements au passé composé.

Utilisez les expressions et les verbes suivants pour parler de la vie de Michel.

1920 : naître

1926 : commencer l'école primaire

1934 : rentrer au lycée

1937 : jouer dans l'équipe de volley-ball
de l'école

1938 : finir le lycée

1938-1942 : étudier l'architecture
à l'université

1943 : commencer à travailler

1945 : tomber amoureux

1947 : se marier

1948 : devenir père

1959 : recevoir une promotion

1962 : acheter une maison à la montagne

1980 : prendre sa retraite

1983 : faire le tour du monde

ACTIVITÉ 9.1 – Étudiant A

S'exprimer librement

Employer l'imparfait.
Utiliser les comparatifs.
Décrire une maison.

Posez les questions suivantes à votre voisin et écrivez ses réponses. Par la suite, lisez les réponses que vous avez notées à la classe.

1. Quel cadeau avez-vous offert à vos parents ?

2. Décrivez un objet dans la classe.

3. Comment était votre chambre d'enfant ?

4. Comparez vos deux meilleurs amis.

5. Quand vous aviez 15 ans, est-ce que vous regardiez beaucoup la télévision ?

ACTIVITÉ 9.1 – Étudiant B

S'exprimer librement

Employer l'imparfait.
Utiliser les comparatifs.
Décrire une maison.

Posez les questions suivantes à votre voisin et écrivez ses réponses. Par la suite, lisez les réponses que vous avez notées à la classe.

1. Comparez deux villes que vous aimez.

2. Comment était votre premier instituteur/première institutrice ?

3. Où avez-vous l'intention de passer vos vacances ?

4. Comment est votre maison/appartement ? Combien de pièces avez-vous ?

5. Qu'aimiez-vous faire quand vous étiez adolescent/adolescente ?

■ ACTIVITÉ 10.1 – Étudiant A

S'exprimer librement

Utiliser les indicateurs temporels.

Se servir des superlatifs.

Par groupes de deux, posez les questions suivantes à votre partenaire.

1. Vous étudiez le français depuis combien de temps ?

2. Décrivez votre meilleur(e) ami(e).

3. Qu'est-ce que vous aimez le mieux en hiver ?

4. Racontez un souvenir d'école triste.

5. Pendant combien de temps avez-vous habité la même maison dans votre vie ?

6. À qui ressemblez-vous physiquement et moralement ?

ACTIVITÉ 10.1 – Étudiant B

S'exprimer librement

Utiliser les indicateurs temporels.

Se servir des superlatifs.

Par groupes de deux, posez les questions suivantes à votre partenaire.

1. Qu'est-ce que vous détestez le plus ?

2. Cela fait combien de temps que vous êtes ici ?

3. Racontez un souvenir d'enfance amusant.

4. Décrivez un personnage célèbre que vous n'aimez pas.

5. À qui ressemblez-vous ? Donnez des précisions.

6. Qui allez-vous voir quand vous avez mal aux dents ?

ACTIVITÉ 10.2

Comment comparer

Utiliser les comparatifs.
Comparer des personnes.

Comparez les différentes personnes sur les photos : leurs vêtements, leur taille, leur allure, leurs cheveux, etc.

❭ *Sami est plus petit que Louis.*

module 4 unité 10

ACTIVITÉ 10.3
Comment décrire

Parler au passé.
Distinguer le passé composé et l'imparfait.

Décrivez la situation représentée sur la photo A à l'imparfait, puis imaginez ce qui arrive pour expliquer les changements sur la photo B.

Photo A : *C'était le matin. Il était tôt. Les lampadaires éclairaient encore la rue...*
Photo B : *L'ouragan s'est levé. L'eau a pénétré dans les rues...*

Canal Street, Nouvelle-Orléans

Canal Street, Nouvelle-Orléans, le 31 août 2005 après le passage de l'ouragan *Katrina*

ACTIVITÉ 11.1 – Étudiant A
Comment faire des hypothèses

Employer le conditionnel présent.

Utiliser l'hypothèse.

Complétez le tableau suivant en posant des questions à votre voisin avec qu'est-ce que, **comme dans le modèle.**

Étudiant A : *Qu'est-ce qu'il ferait s'il était riche ?*

Étudiant B : *Il continuerait sa vie comme si de rien n'était.*

	Étudiant A	Étudiant B
il ferait s'il était riche ?	Arrêter de travailler	
elle ferait si son fils quittait la maison ?	Aller souvent au cinéma	
les Dufour penseraient si nous achetions une villa ?	Être jaloux	
tu ferais si tu avais tout le temps à ta disposition ?	Faire le tour du monde	
les enfants feraient s'ils ne devaient pas aller à l'école ?	S'ennuyer à la maison	
les professeurs feraient si les cours se donnaient uniquement par Internet ?	Apprendre à travailler par Internet aussi	
nous ferions si c'était toujours l'hiver ?	Acheter moins de vêtements	
je ferais si tu ne m'aidais pas chaque fois que j'en ai besoin ?	Te débrouiller tout seul	

▪ ACTIVITÉ 11.1 – Étudiant B
Comment faire des hypothèses

Pratiquer le conditionnel présent.

Utiliser l'hypothèse.

Complétez le tableau suivant en posant des questions à votre voisin avec qu'est-ce que,
comme dans le modèle.

) **Étudiant B :** *Qu'est-ce qu'il ferait s'il était riche ?*

    Étudiant A : *Il arrêterait de travailler.*

	Étudiant A	Étudiant B
il ferait s'il était riche ?		Continuer sa vie comme si de rien n'était
elle ferait si son fils quittait la maison ?		Être très triste
les Dufour penseraient si nous achetions une villa ?		Se demander comment nous avons fait
tu ferais si tu avais tout le temps à ta disposition ?		Ne pas savoir quoi choisir d'abord
les enfants feraient s'ils ne devaient pas aller à l'école ?		Ne pas avoir d'amis/Ne pas apprendre à lire et à écrire
les professeurs feraient si les cours se donnaient uniquement par Internet ?		Rester chez eux et corriger les devoirs sur l'ordinateur
nous ferions si c'était toujours l'hiver ?		Rester souvent à la maison
je ferais si tu ne m'aidais pas chaque fois que j'en ai besoin ?		Ne pas être dépendant

◼ ACTIVITÉ 12.1 – Étudiant A

Qu'arrive-t-il ?

> Exprimer la cause, la conséquence et le but.

Complétez les phrases de votre tableau en choisissant ce qui convient dans la liste suivante. Puis, par groupes de deux, complétez votre tableau en posant des questions à votre partenaire.

1. être au courant des nouvelles
2. tu es malade
3. je peux arriver au dernier moment
4. arriver à l'heure
5. nous allons partir en vacances

Vous quitterez la maison à 8 heures	pour
Nous sommes arrivés très tôt	
J'ai pu gagner la course	
Tu n'iras pas jouer avec tes amis	puisque
Mes amis sont partis	
L'été arrive,	donc
Je lis le journal tous les jours	afin d'
La route est très glissante,	
J'ai déjà acheté les billets	alors
Mange tout	

ACTIVITÉ 12.1 – Étudiant B

Qu'arrive-t-il?

Exprimer la cause, la conséquence et le but.

Complétez les phrases de votre tableau en choisissant ce qui convient dans la liste suivante. Puis, par groupes de deux, complétez votre tableau en posant des questions à votre partenaire.

1. tu aimes tant ça
2. ma mauvaise humeur
3. un entraînement intensif
4. tu dois rester à la maison
5. notre père avait un rendez-vous important

Vous quitterez la maison à 8 heures	
Nous sommes arrivés très tôt	parce que
J'ai pu gagner la course	grâce à
Tu n'iras pas jouer avec tes amis	
Mes amis sont partis	à cause de
L'été arrive,	
Je lis le journal tous les jours	
La route est très glissante,	c'est pourquoi
J'ai déjà acheté les billets	
Mange tout	puisque

ACTIVITÉ 12.2

Conversation

Utiliser le présent progressif et le passé récent.

Par groupes de deux, posez les questions et répondez-y à tour de rôle, comme dans le modèle.

Étudiant A : *Est-ce que vous avez fini vos exercices ?*

Étudiant B : *Oui, je **viens de** les finir./Non, je **suis en train** de les finir.*

Continuez avec les éléments suivants en alternant.

1. écouter les nouvelles (oui)
2. déjeuner (non)
3. mettre la table (non)
4. faire les courses (oui)
5. écrire une lettre (non)
6. sortir la poubelle (oui)
7. rencontrer le nouvel étudiant (oui)
8. ranger ta chambre (non)
9. acheter les billets d'avion (oui)
10. voir la dernière exposition (oui)

SYNTHÈSE

Jeu de l'oie

Faire la synthèse des unités 7 à 12 dans un jeu de connaissances grammaticales, lexicales et culturelles.

Matériel : planche de jeu (p. 194)
dé
pions

Chaque étudiant lance le dé et avance son pion. Il doit répondre à la question qui correspond au nombre de la case. (Si l'étudiant arrive sur la case 5, par exemple, il doit répondre à la question 5. S'il ne peut pas répondre à la question, il passe le prochain tour.)

1. Mettez cette phrase au passé : **Qu'est-ce que tu dis ?**

2. Racontez ce que vous avez fait aujourd'hui.

3. Est-ce que tu arrives toujours à l'heure ?

4. Quand téléphones-tu à tes parents ?

5. Que veut dire le verbe **naviguer** ?

6. Faites une phrase avec le mot **fichier**.

7. L'année dernière, quel a été l'événement le plus important dans votre vie personnelle ?

8. Avant, qu'est-ce que vous aimiez faire ? Et maintenant, avez-vous changé d'activité ?

9. Quand partirez-vous en vacances ?

10. Que faut-il faire quand on cherche du travail ?

11. Donnez des conseils à un ami qui travaille/étudie trop.

12. Décrivez votre maison.

13. Est-ce que vous avez déjà envoyé une lettre en Europe ?

14. Vous avez déjà fait du camping ?

15. Où fête-t-on Noël en juillet ?

16. Comment dit-on **promenade dans les magasins** au Québec ?

17. Vous pensez que votre vie est plus facile ou moins facile qu'il y a deux ans ? Pourquoi ?

18. Dites comment vous étiez à l'adolescence.

19. Quelles actions s'associent au mot **salle de bain** ?

20. Racontez votre dernier séjour à l'étranger.

21. Vous téléphonez à un agent immobilier pour chercher une maison. Qu'est-ce que vous lui dites ?

22. Quelle est l'origine du mot **Liban** ?

23. Quelle est la profession d'Amin Maalouf ?

24. Vous étudiez le français depuis quand ?

25. Pendant combien d'années as-tu pratiqué le même sport ?

26. Continuez la phrase : **Je descendais la rue tranquillement, soudain...**

27. Pourquoi ne t'es-tu pas levé(e) tôt samedi ?

28. Quel est le plat que tu aimes le moins ?

29. Quel est le pays que tu aimes le plus ?

30. Comparez deux étudiants dans la classe.

31. Dites-le autrement : **être en forme**.

32. À qui ressemblez-vous ?

33. Quelles parties du corps correspondent aux verbes **sentir** et **parler** ?

34. Vos parents pensent que vous êtes encore jeune. Vous ne pouvez pas rentrer après minuit. Comment réagissez-vous ?

35. Quelle est la langue la plus musicale d'après vous ?

36. Quels sont les stéréotypes associés à la Suisse ?

37. Complétez : **Si je gagne au loto...**

38. Reliez ces deux phrases : **Je vais bientôt au Vietnam. Ma meilleure amie habite au Vietnam.**

39. Recommandez un film que vous avez vu à un ami.

40. Quels sont vos projets pour l'avenir ?

41. Pensez-vous que nous utiliserons Internet dans 10 ans comme maintenant ? Pourquoi ?

42. Citez deux organisations internationales.

43. Quelles sont les dates des fêtes nationales au Luxembourg, en France et au Canada ?

44. Expliquez la phrase suivante : **Il faut manger pour vivre et pas vivre pour manger**.

45. Complétez : **Si j'étais libre de choisir ce que je veux faire, je**...

46. Vous téléphonez à un agent de voyages pour réserver un billet. Qu'est-ce que vous lui dites ?

47. Dites dans quelle situation vous utilisez cette phrase : **Du 20 au 24 juin, s'il vous plaît**.

48. Vous êtes un conseiller pédagogique. Un étudiant vous demande quels cours suivre. Conseillez-le.

49. Quels vêtements ne portez-vous jamais ?

50. Aimeriez-vous voir la publicité disparaître de notre société ?

51. Que devrions-nous faire pour préserver les animaux ?

52. Pensez-vous que nous pouvons réduire les catastrophes écologiques sur la terre ? Comment ?

52 51 50 49 48 47 46 45 44

34 35 36 37 38 39 40 41 42

43

33

32 31 30 29 28 27 26 25 24

23

14 15 16 17 18 19 20 21 22

13

12 11 10 9 8 7 6 5 4 3 2 1

Transcription des enregistrements

Module 1

UNITÉ 1

piste 3 3
1. un ordinateur
2. un musée
3. une salle
4. une chaise
5. une idée
6. un tableau
7. un stylo
8. une table
9. une étudiante
10. un enfant
11. une école
12. un bureau
13. un jour
14. un cahier
15. une porte
16. J'habite dans une petite rue.
17. Il travaille dans une banque.
18. Vous posez une question.

UNITÉ 3

piste 10 2
1. gentille
2. méchant
3. belle
4. intelligent
5. tolérante
6. stupide
7. antipathique
8. laid
9. pratique
10. blanche

piste 11 3
1. Tu vas en Suisse ?
2. Vous étudiez beaucoup.
3. Elle habite à la Cité universitaire.
4. Vous regardez souvent la télévision ?
5. Oui, c'est Marion.
6. C'est Marion ?
7. Vous allez au cinéma ou au concert ?
8. Je suis d'accord.

piste 12 4
1. Tu manges souvent au restaurant.
2. Vous habitez en ville ?
3. Vous savez chanter ?
4. Elles invitent quelques amis ?
5. Il refuse quelquefois des invitations.
6. Tu es libre ?

piste 13 5
1. C'est un livre intéressant et amusant. (une histoire)
2. C'est un homme courageux et intelligent. (une femme)
3. Le serveur est gentil et élégant. (la serveuse)

4. Le voisin de monsieur Nougaro est paresseux. (la voisine)

5. C'est un parc très dangereux pour les enfants. (une rue)

6. C'est un garçon amical. (une fille)

7. Le directeur est jeune, mince et sportif. (la directrice)

piste 14 6 1. La famille Curie est au bord de la mer.

2. Il est médecin. Il est petit, gros et très élégant. Il travaille dans une clinique.

3. Elle est libraire. Elle parle avec un client.

4. Il habite à Montréal, dans la vieille ville.

5. Je cherche un grand livre rouge.

6. Il y a beaucoup de monde. On vient souvent ici. C'est un restaurant magnifique.

Module 2

UNITÉ 4

piste 17 2 1. Ah bon! Vous aimez le café, vous?

2. Désolée monsieur, je ne parle pas anglais.

3. J'habite ici, mais je ne connais pas monsieur Dulac.

4. Excusez-moi madame, savez-vous où habite madame Duchamp?

5. C'est très intéressant, ton histoire.

6. Pardon madame, vous prenez un café ou un thé?

7. Eh oui! J'ai deux chats et deux chiens.

8. Et elle, elle s'appelle comment?

9. Tu finis à midi ou à minuit?

UNITÉ 5

piste 21 3 Pierre : Samedi, il y a un match de hockey: le Canadien de Montréal contre les Maple Leafs de Toronto. Tu veux venir chez moi?

Isabelle : Ah non, je veux aller à la conférence sur l'environnement.

Pierre : Et à cette conférence, tu y vas avec qui?

Isabelle : Je ne sais pas. Je vais appeler Vincent et voir s'il est libre.

Pierre : Tu fais mieux de l'appeler au plus tôt. Tu connais Vincent...

UNITÉ 6

piste 26 3 1. Tu bois quoi?

2. Au fait, tu as envoyé ton CV?

3. Tu veux un emploi au cirque, toi aussi?

4. C'est écrit dans les journaux.

5. Qu'est-ce que le médecin lui a dit?

6. Tu as lu le dernier Prix Goncourt?

7. Ne te mets pas en colère pour ça!

8. Vous savez chanter?

piste 27 4 Attention, attention! Grande vente au deuxième étage de notre magasin. Pendant les 30 prochaines minutes et seulement les 30 prochaines minutes, vous pouvez profiter de notre promotion sur les sacs de plage à des prix imbattables. De 9,99 $ à 19,99 $. Dépêchez-vous, il ne reste que quelques articles.

Module 3

UNITÉ 7

piste 31 2   1. Nous hésitons.   4. l'harmonie
              2. la Hongrie   5. le hasard
              3. un habit   6. la harpe

piste 32 3   1. Dépêchez-vous, nous sommes en retard.
              2. Il m'a envoyé un courriel.
              3. Tu ne vas pas faire l'examen?
              4. Vous avez entendu les nouvelles?
              5. Tia ne boit jamais.
              6. Céline a choisi la kinésiologie.
              7. Il me reste deux places.
              8. Ils veulent parler au directeur.
              9. J'ai l'intention de dormir toute la journée.
             10. Nous n'allons pas pouvoir revenir. Nous sommes désolés!

piste 33 4   1. Centre francophone, bonjour. Si vous connaissez le numéro de poste de votre correspondant, faites-le maintenant. Sinon, laissez un message. Merci.
              2. Maryse et Julien ne sont pas là. Mais tu connais le refrain. Laisse-nous un message sympa et humoristique.
              3. Bonjour, vous êtes bien chez la famille Blais. Nous sommes absents pour le moment, mais laissez-nous un message et nous vous rappellerons dès que possible.
              4. Vous êtes bien au cabinet des docteurs Dia et Mina. Nos heures d'ouverture sont du lundi au vendredi, de 9 heures à 19 heures. Pour toute urgence, rendez-vous à l'hôpital. Merci.

UNITÉ 8

piste 35 1   1. J'ai dit oui.   4. Tu parles.
              2. Vous téléphonez.   5. J'écris un courriel.
              3. J'ai fini mon travail.   6. J'ai fait ça.

UNITÉ 9

piste 38 1   1. Nous le mangions.   5. Ils les regardaient.
              2. Tu les finissais.   6. Patrice le voulait.
              3. Elle les aimait.   7. Vous les voulez.
              4. Je le portais.

piste 39 3   1. La cuisine est ici?   4. Vous voulez déménager aussi?
              2. C'est très joli.   5. Tu es vraiment fatigué.
              3. Viens au deuxième étage.

Module 4

UNITÉ 11

piste 44 1 Agence Tourpartout, bonjour.

Si vous connaissez le numéro de poste de votre agent, composez-le maintenant. Pour les coordonnées et les heures d'ouverture de notre agence, faites le « 1 ». Pour l'Amérique du Sud, faites le « 2 », pour l'Europe, faites le « 3 », pour la promotion Asie, allez sur le site www.tourpartout.com. Si c'est très urgent et que vous voulez parler à un agent, faites le « 0 ».

— Bonjour, monsieur, je devais partir pour l'Asie, mais malheureusement je suis malade. Je ne peux pas prendre l'avion.

— Il n'y a pas de problème, madame. Si vous avez un certificat médical, nous vous changerons la date.

— Ah, vous êtes gentil, monsieur. J'aimerais partir dans une semaine.

— Très bien, madame. Vous paierez seulement les frais d'administration.

— Ah non ! Je ne suis pas d'accord. Si je suis tombée malade, ce n'est pas ma faute.

— Oui, mais…

— Il n'y a pas de mais. Je partirai quand je veux et sans payer d'autres frais.

— Excusez-moi, madame, j'ai un autre appel. Je reviens dans un instant.

— Mais pourquoi répondre à cet autre appel ? Réglez d'abord mon problème.

— Je suis désolé, madame, je ne peux pas changer les règlements de la compagnie…

— Bon, dans ce cas, passez-moi un autre agent.

UNITÉ 12

piste 46 1
1. travail
2. fêter
3. devoir
4. porter
5. payer
6. publicité
7. créativité
8. créer
9. réserver
10. annonce

piste 47 2
1. Nous avions cinq dollars en poche.
2. Tu pourrais faire attention.
3. Vous regarderez avant de commencer.
4. J'aimais la maison de ma grand-mère.
5. J'aimerais participer à ce concours.
6. Elle finira par arriver.
7. Si elle avait le temps, elle finirait son café.
8. Vous avez écrit à Emmanuel ?
9. Vous venez de perdre l'occasion de gagner.
10. Nous allons préparer la fête de fin d'année.

piste 48 3
1. Je voudrais le journal de ce matin s'il vous plaît.
2. Pour une ou deux personnes ?
3. Je voudrais deux billets pour le concert de ce soir.
4. Je suis désolé, mais il n'y a pas de places sur ce vol.
5. Les passagers en partance pour Bruxelles, veuillez vous rendre à la porte 32.
6. Vous avez acheté le dernier modèle d'ordinateur portable ?
7. Je chausse du 44.
8. Tu as vu ce nouveau produit ? Il a l'air très bien. Je vais l'acheter demain.

corrigé

module 1

Aujourd'hui, les grands esprits se rencontrent

unité 1 Je me **présente**

page 2

APPRENEZ DE NOUVEAUX MOTS

1.   1. 1c   2. 2b   3. 3a   4. 4e   5. 5d

2.   1. 1c   2. 2e   3. 3a   4. 4f   5. 5b   6. 6g   7. 7d

3.   Réponses libres.

page 3

4.   1. une fille   3. une directrice   5. une chanteuse
    2. une femme   4. une journaliste

5.   1. grec   3. américain   5. italienne   7. canadien
    2. russe   4. française   6. anglais   8. égyptienne

page 4

OBSERVEZ ET APPLIQUEZ LES STRUCTURES

1.1   1. Tu   3. Tu   5. Elle
     2. Il   4. Je   6. Je

1.2   1. vous   2. elles   3. Nous   4. Vous   5. Ils   6. Elles

2.1   1. Tu   2. J', Il, Elle   3. Je, Il, Elle   4. tu   5. J', Il, Elle   6. Je, Il, Elle

2.2   1. Vous   2. Ils, Elles   3. Nous   4. Ils, Elles   5. Nous   6. Vous

2.3 Réponses possibles :

1. Elles aiment beaucoup les voyages.
2. Tu étudies le français.
3. Patrick et moi parlons russe.
4. Sylvie danse la salsa ?
5. Julie et Marthe détestent la montagne.
6. Il montre les photos.
7. J'admire les tableaux de Picasso.
8. Nous jouons au football.
9. François utilise l'ordinateur.
10. Vous écoutez l'opéra.

page 5

2.4
1. sommes
2. travaillez
3. étudie
4. visitent
5. pratique
6. adorent
7. dînes
8. présente

3.1
1. ne sont pas
2. n'admire pas
3. ne restent pas
4. n'acceptent pas
5. ne refusent pas
6. ne joue pas.

3.2 Réponses libres.

4.1
1. Oui, nous restons chez nous.
2. Oui, il est avec elle.
3. Oui, elle habite chez lui.
4. Oui, je reste avec toi.
5. Oui, il est avec nous/moi.
6. Oui, je suis avec elles.

page 6

4.2
1. Eux
2. elle
3. Moi, toi
4. Vous
5. Toi
6. Elles

5.1
1. un
2. une
3. des, des
4. un
5. des
6. Des, un

5.2
1. la
2. L', la
3. L', les
4. le
5. Les
6. Le

5.3
1. le
2. la
3. un
4. le
5. la
6. le
7. une
8. une

page 7

6.1
1. Quel est ton nom ?
2. Tu es mariée ?
3. Tu es étudiante à l'université ?
4. Tu habites à Paris ?

7.1 Il est guide, professeur, informaticien, français, vendeur, suisse, chinois, médecin.
Il parle français, chinois.
Elle est étudiante, guide, professeur, suisse, médecin.
Elle parle français, chinois.
Elles sont anglaises.
Elles parlent français, chinois.
Ils sont français, espagnols, chinois
Ils parlent français, chinois.

7.2
1. es
2. travaillons
3. aimez
4. regarde
5. s'appelle
6. regarde

page 8

7.3
1. cherche
2. habite
3. regarde
4. navigue
5. écoute
6. adore
7. téléphone
8. parlons
9. visite
10. révise

7.4 1. étudiant

2. êtes, américains, à

3. prénom, nationalité

4. numéro, téléphone

5. bibliothèque, à, université

7.5 Toi, tu t'appelles Marie. Tu es sénégalaise, mais tu habites au Canada. Tu es mariée et tu étudies à l'université. Tu ne parles pas anglais.

RÉDIGEZ

1 Nom : Dumont

Prénom : Patrick

Nationalité : suisse

Profession : pharmacien

Ville : Lausanne, Suisse

page 9

2 Elle s'appelle Sabine Roger.

Elle est française.

Elle est professeur.

Elle habite à Bordeaux.

3 1. Bonjour.

2. Oui, je suis nouveau.

3. Oui, j'aime l'aérobic.

4. Je m'appelle Christine Marguerite Laval.

5. C-h-r-i-s-t-i-n-e M-a-r-g-u-e-r-i-t-e.

PRONONCEZ

1 1. Comment vous vous appelez ?

2. Tu étudies le français.

3. Il est avocat.

4. Ils visitent le musée.

5. Je suis avec mon amie.

6. J'habite à Paris.

7. Vous regardez la ville.

8. Bonjour monsieur !

page 10

3

	1	2	3	4	5	6	7	8	9	10	11	12	13	14	15	16	17	18
un	●	●				●	●			●		●	●	●				
une			●	●	●			●	●		●				●	●	●	●

4 Éric **est** électricien **et** Évelyne **est** étudiante. Il est **é**gyptien et elle **est** brésilienne. Électricien et **é**tudiante. **É**gyptien et br**é**silienne. Il est **et** elle est. Et toi ? Tu es **é**tudiant ? Tu **es** américain ou algérien ?

unité 2   Visite du campus

page 11

APPRENEZ DE NOUVEAUX MOTS

1 1. le droit

2. les langues

3. la médecine

4. la littérature

5. l'informatique

6. la musique

2 1. trente-cinq

2. huit

3. cinquante-cinq

4. douze

5. trois

6. vingt-quatre

7. sept, sept

8. trente et un

9. soixante

10. vingt-six

page 12

3   1. le musée
    2. la poste
    3. la pharmacie

    4. le restaurant
    5. le pont
    6. le camion

4   1. dans une cuisine
    2. dans une chambre
    3. dans un jardin
    4. dans un salon

    5. dans un musée
    6. dans une bibliothèque
    7. dans une université

5   1. vingt-cinq août
    2. trente et un juillet
    3. dix-huit juin

    4. dix-sept mai
    5. vingt et un décembre

6   1. e, f
    2. c, e, f

    3. c, e, f
    4. c, d

    5. a, b
    6. c, e, f

page 13

OBSERVEZ ET EMPLOYEZ LES STRUCTURES

1.1 1. avons
    2. as
    3. a, avons
    4. ont

    5. a
    6. avez
    7. ai
    8. ont

1.2 1. est
    2. a
    3. ont
    4. a

    5. ai
    6. es
    7. sommes
    8. êtes

1.3 1. suis
    2. suis
    3. J'ai
    4. J'ai
    5. a

    6. avons
    7. sont
    8. sont
    9. avez
   10. sont

2.1 1. Non, Christophe n'a pas de garçon.
    2. Non, je n'ai pas de téléphone portable.
    3. Non, il ne chante pas des chansons en français.
    4. Non, je n'ai pas de photo de Zidane.
    5. Non, elle ne rencontre pas d'amis.
    6. Non, ils ne visitent pas une ville intéressante.

page 14

2.2 1. un, une, des
    2. d'
    3. un
    4. une
    5. des

    6. de
    7. des
    8. des
    9. des, de
   10. un

3.1 1. on parle
     2. on mange
     3. on joue
     4. on aime
     5. on adore
     6. on ne travaille pas

4.1 1. Est-ce que vous êtes étudiants?
     2. Est-ce que vous aimez lire le week-end?
     3. Est-ce que vous habitez avec vos parents?
     4. Est-ce que vous travaillez?
     5. Est-ce que vous aimez écouter les chansons de Luc Plamondon?
     6. Est-ce que vous parlez français?
     7. Qui est-ce?
     8. Est-ce qu'ils posent des questions?
     9. Qu'est-ce que c'est?

page 15

5.1 1. Il y a des étudiants de première année dans la bibliothèque.
     2. Il y a des arbres exotiques dans le jardin.
     3. Il y a des livres rares dans le bureau du directeur.
     4. Il y a une maison avec un grand jardin.
     5. Il y a un agent de sécurité à la porte.

6.1 1. J'aime regarder la télévision.
     2. Vous adorez étudier.
     3. Les enfants adorent le chocolat.
     4. Les professeurs aiment lire.
     5. Marion préfère le ski.
     6. Les étudiants détestent les examens.
     7. J'adore le week-end.
     8. Vous préférez la belle Athéna.

page 16

7.1 1. achète
     2. préfère
     3. nageons
     4. répète
     5. commençons
     6. prononces
     7. corrigeons
     8. rangeons

8.1 1. C'est
     2. C'est, Il n'est
     3. C'est
     4. Il n'est, il est
     5. C'est, Il est
     6. C'est
     7. Il est
     8. C'est
     9. Ce n'est, c'est
     10. C'est

8.2 1. Ce n'est pas un étudiant intelligent.
     2. Elle n'est pas informaticienne.
     3. Ce n'est pas un tableau de Picasso.
     4. Ils ne sont pas professeurs d'anglais.
     5. Il n'est pas à Paris.
     6. Ce n'est pas un travail difficile.
     7. Ce ne sont pas des exercices de français.

page 17

9.1 1. Qui est-ce?, une
     2. Qu'est-ce que c'est?, un, le disque de Marc.
     3. Qu'est-ce que c'est?, une
     4. Qui est-ce?, un
     5. Qu'est-ce que c'est?, une, la

10.1 1. J'aime la télévision mais je préfère le cinéma.

2. La semaine, nous étudions mais nous travaillons le week-end.

3. Elle mange mais elle n'a pas faim.

4. Vous étudiez les mathématiques mais vous préférez les langues.

5. Marion aime Athéna mais Tia préfère les statues contemporaines.

11.1 1. trouve

2. demandent

3. soulignons

4. complétez

5. pose

6. associez

7. décide

8. discutent

9. préfèrent

10. donne

11. corrigent

12. complètes

13. transformes

14. relions

page 18

11.2 1. Nous

2. Il

3. Vous

4. Tu

5. Il, Elle, Je, On

6. Ils, Elles

7. On, Il, Elle, Je

8. On

11.3 1. mon

2. êtes

3. suis

4. Quelle

5. travaille

6. êtes, avez

7. es

8. pose

11.4 1. Nous regardons des programmes de télévision.

2. Les livres sont très intéressants.

3. Les professeurs expliquent bien.

4. Les tableaux de Picasso sont magnifiques.

5. Vous parlez beaucoup en classe.

6. Les universités organisent des conférences internationales.

page 19

11.5 1. des

2. de

3. des

4. une

5. un

6. des

7. de

8. des

9. une

10. des

11. des

12. des

RÉDIGEZ

1 1. Il n'y a pas de café dans le réfrigérateur.

2. Paul a 18 ans aujourd'hui.

3. Nous préférons la musique classique.

4. Le professeur est malade aujourd'hui.

5. Jeanne a 22 ans.

6. Marc est avocat.

7. Pierre et Maria sont amis.

8. Elle a froid.

page 20

2   C'est une jeune fille. Elle est grande et mince. Elle a 22 ans. Elle aime le ski et la lecture. Elle porte souvent des jeans. Elle déteste le soleil, mais elle adore la neige. Elle a beaucoup d'amis. Elle aime raconter des histoires tristes. Elle aime la vie.

Elle habite à 25 km de Montréal, dans un petit village. Elle parle deux langues : le français et l'anglais. Elle adore la télévision : les comédies, les variétés, les nouvelles. Le week-end, elle travaille dans un magasin. Elle est vendeuse. Elle arrive toujours en retard.

page 21

PRONONCEZ

1   1. Nous aimons l'art classique et l'art moderne.

2. L'environnement est un sujet d'actualité.

3. L'actrice habite dans un appartement très grand, mais très sombre.

4. Il y a un bon restaurant dans l'hôtel.

5. Le café et le chocolat chaud sont gratuits.

2   1. ont   6. On

2. On   7. ont

3. On   8. On

4. ont   9. ont

5. sont   10. sont

 unité 3   C'est parti !

page 22

APPRENEZ DE NOUVEAUX MOTS

1   a) 4   c) 1   e) 2

b) 3   d) 5

2   1. deuxième   4. quarante

2. soixante millions   5. deux mille six

3. trois cent soixante-cinq

3   1. Normalement, j'écoute les messages de mon répondeur le soir.

2. En général, j'achète les journaux dans un kiosque, le matin.

3. D'habitude, je dîne en famille.

4. Non, d'habitude, je n'écoute pas la radio.

5. En général, je me lève tard le week-end.

page 23

4   1. faire beau   4. 81

2. Mexique   5. habiter

3. parfait

5   1. b, f   4. a

2. c, d, f   5. c, d, f

3. e   6. e

6   1. d   3. e   5. c
     2. b   4. a   6. f

page 24

OBSERVEZ ET EMPLOYEZ LES STRUCTURES

1.1 1. Elles vont à la poste.
     2. Elles regardent la télé le week-end.
     3. Valérie, le professeur achète les journaux.
     4. Valérie est professeur de français.
     5. Tu sais répondre à la question?
     6. Nous ne connaissons pas la musique.
     7. Vous faites la cuisine?
     8. Elles s'intéressent à l'opéra italien.
     9. Valérie, le professeur connaît une histoire drôle.
    10. Nous avons un chien noir.

1.2 1. savent   6. travaillent
     2. connaissez   7. viens
     3. voyageons   8. faites
     4. préfère   9. changeons
     5. étudies   10. connaissent

1.3 1. nous savons   6. nous mangeons
     2. vous vous douchez   7. vous vous appelez
     3. ils viennent   8. elles préfèrent
     4. elles se lèvent   9. nous lançons
     5. les bébés vont   10. ils achètent

page 25

1.4 1. savons   4. connais   6. connaissent
     2. connais   5. sait   7. savent
     3. connaissez

1.5 1. faites   3. font   5. font
     2. fais   4. fais   6. fait

2.1 1. se brosser les dents   4. me parfumer
     2. se doucher   5. se lever
     3. se maquiller

page 26

2.2 1. me lève   6. se promènent
     2. m'habille   7. nous retrouvons
     3. se douche   8. s'exerce
     4. se rase   9. s'entraîne
     5. se préparent   10. s'occupe

3.1 1. allez   3. vont   5. vais
     2. va   4. allons   6. vas

3.2 1. Nous allons au concert.
2. Les étudiants vont au match de football.
3. Marc va au cours de sciences politiques.
4. M. et Mme Lévesque vont au Salon du livre.
5. Marion va chez le coiffeur.
6. Tia va à la gare.

3.3 1. en
2. à, en
3. en
4. à, en
5. en

page 27

3.4 1. Ils sont en Chine.
2. J'étudie à New York.
3. Nous rentrons d'Europe.
4. Tu aimes aller à Paris.
5. Elle voyage au Brésil.
6. Vous venez du Portugal.

3.5 1. au
2. à l'
3. à la
4. chez
5. aux

4.1 1. vient
2. venons
3. viennent
4. venez
5. viens
6. viens

4.2 1. J'arrive du travail.
2. Nous sommes à Bamako.
3. Elles viennent du centre-ville.
4. Mélanie rentre de la bibliothèque.
5. Vous parlez de l'exposition.
6. Tu viens des Pays-Bas.
7. Vous arrivez de l'université.
8. Il vient de la piscine.

4.3 1. viennent du
2. venons d'
3. viens de
4. vient des
5. venez d'
6. viens des

page 28

5.1 1. beaucoup
2. trop
3. peu
4. parfois
5. souvent
6. rarement

6.1 1. Combien font vingt fois trois ?
2. Qu'est-ce que c'est ?
3. Où est-ce que vous allez ?
4. Il travaille où ?

6.2 1. Où vont Delphine et Frédéric ?
2. Qu'est-ce qu'ils visitent ?
3. Où est-ce qu'ils restent dix jours ?
4. Qu'est-ce qu'ils font ?

page 29

7.1 1. C'est une étudiante sportive et courageuse.
2. Est-ce que tu connais un bon restaurant français ?
3. Quelle belle journée !
4. La radio des jeunes cherche une personne sérieuse, compétente et joyeuse pour un poste d'animateur.
5. Pour aller au concert de Schubert, Mélanie porte une jupe verte : elle est très élégante.

7.2 1. C'est un livre intéressant mais un peu bizarre.
2. C'est une ville ancienne mais très animée.
3. C'est un garçon étrange mais généreux.
4. C'est une jolie maison mais très vieille.

8.1 1. Moi aussi, j'aime le chocolat.

2. Moi non plus, je ne me lève pas tôt.

3. Moi si, je vais au théâtre.

4. Moi aussi, je déteste la neige.

5. Moi si, je regarde la télévision.

6. Nous aussi, nous jouons quelquefois au football.

page 30

9.1 1. allons, es   6. fait

2. connais   7. viennent

3. viens   8. corrige

4. mange   9. allez

5. venons, allons   10. venez

9.2 1. étudions   4. parlent   6. est

2. me lève   5. connaissez   7. viens

3. regardes

page 31

RÉDIGEZ

1   1. Comment vous appelez-vous ?

2. Quelle est votre profession ?

3. Réponses libres.

4. Réponses libres.

3   À 6 h 30, elle se douche, se prépare et s'habille.

À 7 h 00, elle réveille les enfants.

À 8 h 00, elle s'occupe du petit-déjeuner de la famille.

À 8 h 30, elle dépose les enfants à l'école.

À 9 h 00, elle se dépêche pour aller au travail.

À 13 h 00, elle déjeune avec les collègues.

À 15 h 00, elle va chercher les enfants à l'école.

À 16 h 00, elle aide les enfants à faire leurs devoirs.

À 17 h 00, elle se repose un peu.

À 18 h 00, elle prépare le dîner.

À 19 h 00, elle dîne avec la famille.

À 20 h 00, elle couche les enfants.

À 21 h 00, elle regarde la télé ou elle lit.

À 23 h 00, elle se couche.

page 32

4   Réponses possibles :

Tu connais **Brigitte** ? **Elle** aime **danser et jouer au foot. Elle** va souvent **danser** dans **les concours de danse, le soir. Elle** cherche **des livres de danse**. Quelquefois, **elle** donne rendez-vous à des amis et ils boivent **un café** à la terrasse d'un petit café. Puis **elle** part **en autobus** et elle va **dans le parc** de son quartier. **Elle** aime se perdre au milieu **des fleurs**. À cinq heures, **elle** a **un entraînement avec son équipe de foot** et **elle joue** toute la soirée.

page 33

2 1. féminin
   2. masculin
   3. féminin
   4. masculin
   5. féminin

   6. féminin ou masculin
   7. féminin ou masculin
   8. masculin
   9. féminin ou masculin
   10. féminin

3 1. question
   2. affirmation
   3. affirmation

   4. question
   5. affirmation
   6. question

   7. question
   8. affirmation

4 1. Est-ce que tu manges souvent au restaurant ?
   2. Est-ce que vous habitez en ville ?
   3. Est-ce que vous savez chanter ?
   4. Est-ce qu'elles invitent quelques amis ?
   5. Est-ce qu'il refuse quelquefois des invitations ?
   6. Est-ce que tu es libre ?

page 34

5 1. C'est une histoire intéressante et amusante.
   2. C'est une femme courageuse et intelligente.
   3. La serveuse est gentille et élégante.
   4. La voisine de monsieur Nougaro est paresseuse.
   5. C'est une rue très dangereuse pour les enfants.
   6. C'est une fille amicale.
   7. La directrice est jeune, mince et sportive.

6 a) 2
   b) 4

   c) 5
   d) 6

   e) 3
   f) 1

7 Marion **a** quatre amis **à** Lausanne, **à** Paris, **à** Montréal et **à** Dakar. Ils s'appellent Anne, Alphonse, Patricia et Marie.

   Anne **a** faim **à** Lausanne. Alphonse a soif **à** Paris. Patricia **a** froid à Montréal. Marie a chaud **à** Dakar. Et toi ? Tu **as** faim ou soif ?

module 2
Nourriture, force, nature

unité 4   Loisirs et plaisirs

page 38

1 1. partir
   2. aller
   3. choisir

   4. sélectionner
   5. sortir

2   Prendre une bière, la voiture, un café, une décision, des notes.

Comprendre la leçon, l'anglais, la grammaire.

Apprendre la leçon, l'anglais, la grammaire, à parler.

Reprendre une bière, la voiture, un café.

page 39

3   1. le grand-père   6. la mère
    2. le mari   7. la femme
    3. la petite-fille   8. la sœur
    4. les neveux   9. l'oncle
    5. la belle-fille   10. la belle-sœur

4   1. Il est dix-sept heures.   4. Il est vingt-trois heures.
    2. Il est quatre heures cinq.   5. Il est midi.
    3. Il est deux heures quarante-cinq. 6. Il est minuit.

page 40

5   Réponses libres.

OBSERVEZ ET EMPLOYEZ LES STRUCTURES

1.1 1. leur   5. ses
     2. notre   6. sa
     3. Ton   7. vos
     4. Ma, mes ; Ta, tes ; Sa, ses ;   8. sa, son
        Notre, nos ; Votre, vos ;   9. mon, mon
        Leur, leurs   10. votre

1.2 1. Mes   6. son
     2. leurs   7. ses
     3. mes   8. notre
     4. leurs   9. son
     5. notre

page 41

1.3 1. Oui, c'est le sac de Brigitte.
     2. Oui, ce sont les enfants des Dupont.
     3. Oui, ce sont les livres de l'étudiant.
     4. Oui, c'est la mère de Philippe.
     5. Oui, c'est l'appartement de la famille Boulet.
     6. Oui, ce sont les skis des enfants.

2.1 1. Qu'est-ce que   3. Qu'est-ce que   5. Est-ce que
     2. Est-ce que   4. Qu'est-ce que vous   6. Est-ce que

2.2 1. Qu'est-ce que c'est ?   5. Est-ce que c'est l'examen d'histoire ?
     2. Qui est-ce ?   6. Tu aimes le sport ?
     3. Qui est-ce ?   7. Qu'est-ce que vous étudiez ?
     4. Où habite-t-il ?

page 42

3.1 1. prennent
2. prend
3. comprends
4. prends, prends

5. prends
6. apprend
7. comprenons
8. reprends, reprennent

4.1 1. finis
2. finissent

3. réussis
4. choisissent

5. applaudissent
6. finit

5.1 1. Quand vous partez en vacances, vous choisissez la montagne ou la mer ?
2. Nous prenons le train demain matin.
3. Elles partent pour Paris le 1er mai et elles reviennent le 30.
4. Nous savons que vous finissez votre travail à 17 heures.
5. Vous sortez vendredi ?
6. Nous achetons un billet d'entrée.

page 43

5.2

	savoir	faire	prendre	partir	aller	avoir
tu	**sais**	**fais**	**prends**	**pars**	**vas**	**as**
nous	**savons**	**faisons**	**prenons**	**partons**	**allons**	**avons**
elles	**savent**	**font**	**prennent**	**partent**	**vont**	**ont**
il	**sait**	**fait**	**prend**	**part**	**va**	**a**

6.1 1. répondent
2. descends
3. vend

4. entends
5. répondez
6. rendons

7.1 Réponses possibles :
1. Je pense qu'il y a beaucoup trop de pollution dans le monde.
2. Je constate que la vie au XXIe siècle est facile.
3. Je pense que l'amitié est très importante.
4. Je pense que les voyages sont très utiles.

8.1 1. présent
2. futur avec « aller » + infinitif
3. futur avec « aller » + infinitif
4. présent

5. présent
6. futur avec « aller » + infinitif
7. futur avec « aller » + infinitif
8. futur avec « aller » + infinitif

page 44

8.2 1. Nous allons partir…
2. Les étudiants vont organiser…
3. Cet été, je vais aller…
4. Je ne vais pas étudier…

5. Marion va exposer…
6. L'ambulance va arriver…
7. Demain soir, nous allons fêter…

8.3 1. Qu'est-ce que vous allez faire ?
2. Qu'est-ce que tu vas faire ce soir ?
3. Elle va être libre, demain après-midi ?

4. Ils vont voyager comment ?
5. Est-ce que tu vas te reposer ?

page 45

9.1 1. Les petites filles sont tristes et fatiguées.
2. Ses cousines ont de grandes maisons rouges.
3. Les livres sont sérieux mais intéressants.
4. Les examens sont longs et fatigants.
5. Les nouveaux élèves sont timides et sympathiques

9.2 1. se douche
2. se réveillent
3. se maquille
4. se préparent
5. me promène
6. nous couchons
7. vous rappelez

9.3 1. connais
2. connaissez
3. sait
4. connais
5. savent
6. connais
7. connaissons

page 46

9.4 1. Nous partons en vacances.
2. Tu te lèves tôt ?
3. Je fais du sport.
4. Les enfants finissent leurs devoirs.
5. Vous allez au musée ?
6. Elles comprennent l'italien.
7. Vous connaissez mes amis ?
8. Elles sortent le soir.

page 47

PRONONCEZ

2

	1	2	3	4	5	6	7	8	9
aimer	●								
avoir							●		
connaître			●						
être					●				
finir									●
parler		●							
prendre						●			
s'appeler								●	
savoir				●					

3 1. Où, ou
2. Où, ou
3. Où, ou
4. où, Où, ou, ou
5. où, ou
6. ou

unité 5 « Notre planète est fragile et précieuse »

page 48

APPRENEZ DE NOUVEAUX MOTS

1 1. monument
   2. changement
   3. vouloir
   4. compliqué
   5. demain

2 1. b   3. a   5. e
   2. f   4. d   6. c

3 ... Ses livres sont **sous** la table et non **sur** la table. Il range ses vêtements **sur** le tapis. De temps en temps, il laisse son ordinateur **sur** le lit ou **derrière** la porte. Il jette les papiers **sous** le lit. Il y a beaucoup de livres **devant** la bibliothèque. **Dans** l'armoire, il y a des biscuits et des chocolats.

page 49

4 1. menacé
   2. colloque
   3. mammifère
   4. un protocole
   5. un traité

5 Une grande **conférence** sur l'environnement va avoir lieu à Montréal prochainement. Un des grands sujets va être le **protocole de Kyoto**, et le **réchauffement** de la planète. Il s'agit de trouver une **solution** à un problème très **inquiétant**. Les pays **participants** doivent prendre des **décisions** pour protéger la **nature**.

OBSERVEZ ET EMPLOYEZ LES STRUCTURES

1.1 1. cette
     2. cette
     3. ces
     4. cet
     5. Ce
     6. Cette
     7. Ces
     8. ce

page 50

2.1 1. vit   3. suis   5. suit
     2. suivez   4. suit   6. vit

3.1 1. voulons, devons (ou allons)
     2. doit (ou va)
     3. veux (ou vais)
     4. doit
     5. veux (ou vais)
     6. devons
     7. veux (ou vas)
     8. veut
     9. pouvez
     10. veulent
     11. dois
     12. veut

3.2 1. fais   4. dois   7. pouvons
     2. peux   5. pouvez   8. as
     3. veux   6. fait   9. vais

page 51

3.3 1. d   3. c
     2. a   4. b

3.4 1. e
    2. a
    3. c

    4. d
    5. b

4.1 1. payez
    2. envoyons
    3. essaient (essayent)

    4. paie (paye)
    5. nettoie

4.2 1. Nous payons les factures tous les mois.
    2. Vous envoyez le paquet par la poste ?

    3. Ils essaient (essayent) plusieurs pantalons…
    4. Elles paient (payent) leur loyer à la fin du mois.

page 52

4.3 1. essaie
    2. veut
    3. doit

    4. allons
    5. pensons

5.1 1. J'y vais après chaque cours.
    2. On y trouve des jus, des fruits.
    3. Allons-y.

5.2 Réponses libres.

page 53

6.1 1. est
    2. a
    3. sont, sont

    4. avons, avons
    5. as

    6. êtes
    7. a

6.2 1. a passé
    2. sont arrivés
    3. avez payé
    4. J'ai rangé
    5. a visité

    6. sommes allés
    7. avons regardé
    8. suis rentré(e)
    9. as écouté
    10. ont joué

6.3 1. lu, avoir
    2. dit, avoir
    3. eu, avoir
    4. venu, être
    5. connu, avoir
    6. su, avoir
    7. sorti, être

    8. pris, avoir
    9. mis, avoir
    10. compris, avoir
    11. parti, être
    12. dû, avoir
    13. arrivé, être
    14. allé, être

page 54

6.4 1. J'ai été
    2. ont commencé
    3. ont dû
    4. avons voulu
    5. sont restés
    6. es monté

    7. a pu
    8. n'es pas venu(e)
    9. avez pu
    10. a eu
    11. as fait
    12. a vendu

page 55

7.1 … pour **aller** à l'université, Marion **passe** devant le café. Elle **prend** un café au lait et un croissant. À côté du café, **il y a** un petit kiosque où elle **achète** son journal… Elle **retrouve** ses amis dans le parc du quartier. Ils **discutent** de la vie, des cours, de la famille. De temps en temps, ils **se promènent** dans les petites rues très animées. En face du parc, **il y a** la mairie… L'université n'**est** pas très loin du centre-ville.

7.2 1. dans

2. sur

3. dans

4. à côté de

5. sous

6. devant

7. derrière

8. près

9. à

10. sur

7.3

	Verbes à l'infinitif
Nous sommes	**être**
Elles veulent	**vouloir**
Ils ont	**avoir**
Je fais	**faire**
Elle va	**aller**
Nous lisons	**lire**
Tu dois	**devoir**
Il faut	**falloir**
Ils prennent	**prendre**
Vous savez	**savoir**
Tu reçois	**recevoir**
Nous essayons	**essayer**
Ils envoient	**envoyer**
Nous suivons	**suivre**

page 56

7.4 1. peux

2. savez

3. partons

4. choisissent

5. commence

6. se lève

7. voulez

8. joue

9. invite

10. arrive, composer

11. Suivez

7.5 Réponses libres.

page 57

RÉDIGEZ

1 1. Mathilde et Philippe

2. Rachel

3. Le mercredi 28 novembre

4. D'Europe

5. Pour remercier Rachel de son invitation et lui expliquer qu'ils ne peuvent pas venir à la fête

page 58

PRONONCEZ

1 1. Je peux venir.
   2. Je vais partir.
   3. C'est un feu.

   4. Oh! mes chevaux!
   5. Ce jeu est dangereux.
   6. C'est curieux, des œufs bleus.

2 1. vont participer
   2. va voir
   3. vont signer

   4. plaisantez
   5. lit
   6. fait

3 Isabelle : **Ah non, je veux aller à la conférence sur l'environnement.**
   Pierre : **Tu fais mieux de l'appeler au plus tôt. Tu connais Vincent…**

page 59

4 1. ce, c'est
   2. ces
   3. C'est
   4. C'est

   5. Ce
   6. Ces
   7. C'est, ce
   8. C'est

5 1. sept
   2. Cette
   3. cet

   4. sept
   5. sept
   6. sept

   7. Cette
   8. sept
   9. sept

unité 6   Un esprit sain dans un corps sain

page 61

APPRENEZ DE NOUVEAUX MOTS

1 Réponses libres.

page 62

2 1. céréales
   2. orange

   3. bonbon
   4. riz

   5. commander
   6. un peu

3 Réponses libres.

4 Réponses libres.

page 63

5 c, e, b, k, i, f, a, j, h, d, g

OBSERVEZ ET EMPLOYEZ LES STRUCTURES

1.1 1. du, du, de la
     2. du

     3. de
     4. du, du, du

     5. de la
     6. des, des, du, des

page 64

1.2 Réponses possibles :

     1. Nous mangeons du fromage.
     2. Je prends du beurre.
     3. Il ne boit pas de bière.
     4. Vous voulez des fruits.

     5. Ils prennent souvent de l'ananas.
     6. Tu manges de la confiture.
     7. Il ne boit pas de boissons gazeuses.
     8. Voulez-vous du poisson ?

2.1 1. mettons
2. buvez
3. permettent
4. boit
5. met
6. remets
7. mets
8. transmettons

page 65

3.1 1. suit
2. lit
3. disent
4. boit
5. met
6. mangent
7. consomment
8. boivent
9. consomment
10. mangent

3.2 1. as
2. vivons
3. suivent
4. lisez
5. mets
6. suit
7. peux
8. doit

4.1 1. Les enfants ont peur de nager dans la mer.
2. Nous avons sommeil mais nous avons un examen demain.
3. Ils ont besoin d'argent pour partir en vacances.
4. Il fait 40 degrés à l'ombre et les animaux ont chaud.
5. Vous avez l'air en forme après cette excursion.
6. Tu as le temps de prendre un verre avec moi?
7. Brigitte a envie de voir un film mais moi j'ai envie d'aller au restaurant.

page 66

5.1 Réponses possibles :
1. Nous ne l'étudions pas.
2. Je ne le parle pas.
3. Oui, elle les veut.
4. Oui je l'achète à la boulangerie.
5. Je ne les regarde pas.
6. Elles le finissent à 5 heures.

5.2 1. Philippe la descend.
2. Ils le visitent.
3. Tu les rends à la bibliothèque.
4. Marc l'envoie à Julie.
5. Patrick le donne à ses amis.
6. Vous les aidez?

page 67

6.1 1. Vous en venez?
2. Tu en bois pendant le repas?
3. Elle en envoie à ses amis?
4. Vous en reprenez?
5. Vincent en mange?
6. Mélanie en a envie?

6.2 1. Elle en a besoin.
2. Nous y travaillons.
3. Il y va cet été.
4. Ils y habitent.
5. Elles en viennent.
6. J'en ai envie.

6.3 1. y
2. la
3. en
4. J'en
5. les
6. y

7.1 1. Faisons la vaisselle.
2. Regarde la télévision.
3. Lisez.
4. Buvons.
5. Paie l'addition.
6. Finissons notre dissertation.
7. Sors.
8. Répondez au téléphone.

page 68

7.2 1. Pourriez-vous vous lever, s'il vous plaît?
2. Tu peux faire attention à ta petite sœur?
3. Excusez-moi, vous ne pouvez pas fumer, c'est interdit.
4. Tu veux venir avec moi au marché?
5. Si tu vas au marché, tu peux acheter du fromage, s'il te plaît?

7.3

Verbes à l'infinitif	Impératif	Présent
boire	buvez	**vous buvez**
transmettre	**transmettons**	nous transmettons
commencer	**commence**	**tu commences**
lire	lis	**tu lis**
partir	**pars**	il part
dire	**dites**	**vous dites**
dormir	dors	**tu dors**
payer	**payez**	vous payez
recevoir	**recevons**	**nous recevons**
savoir	sachons	**nous savons**
vouloir	**veuillez**	**vous voulez**

7.4 1. Lève-toi.
2. Dépêchez-vous.
3. Ne nous maquillons pas.

4. Réveille-toi tôt.
5. Promenons-nous ce soir.
6. Reposez-vous.

page 69

8.1 1. es
2. voulez
3. vient

4. étudions
5. partez

6. jouent
7. Apprenez

8.2 Réponses possibles :

1. Si on est malade, on va chez le médecin.
2. Prends ton livre si tu veux travailler.
3. Je ne viens pas si Marie vient.
4. Si tu travailles beaucoup, tu es fatiguée.
5. Mange si tu as faim
6. Les étudiants arrivent à l'heure s'ils partent tôt.
7. Si vous êtes fatigués, reposez-vous.
8. Si on pratique le français, on fait des progrès.

9.1 1. Nous allons féliciter notre ami.
2. Marc veut éliminer les graisses de son alimentation.
3. L'article dans le journal parle d'une exposition créative originale.
4. La réforme alimentaire commence à l'école.
5. Tu te rappelles le tableau bizarre avec le zoo derrière l'école ?

page 70

9.2 1. b
2. g
3. c

4. e
5. a

6. d
7. f

9.3 C'est **toi**, **mon** admirateur anonyme. **Tu passes tes** journées à la fenêtre à **m'**admirer. **Tu me regardes** le matin quand **je vais** à l'université, **tu m'**attends le soir quand **je** reviens. Tu ne **t'**endors plus et **tes** études vont de plus en plus mal. **Tu me demandes** de ne pas **t'**ignorer et de **te** permettre de **me** parler.

À bientôt, Delphine

9.4 1. fait
     2. parle
     3. allons
     4. prends
     5. finissent, restent

6. il y a
7. apprenons
8. aime
9. lit
10. mettent

page 71

RÉDIGEZ

1 Réponses possibles :

1. Il y a des œufs, du lait, du beurre, du fromage et des champignons.

2. Je mets une salade de thon, du fromage, du pain, du vin, des fruits et un thermos avec du café.

3. Un concombre, une pomme et un chou sont des aliments verts. Le yaourt, le lait, la crème, l'oignon sont des aliments blancs. La tomate et la fraise sont des aliments rouges. La pomme de terre, la banane, l'ananas, le fromage et la moutarde sont des aliments jaunes.

4. Dans un gâteau aux pommes, il y a du beurre, des œufs, de la farine et du sucre pour la pâte. Il y a aussi des pommes et de la cannelle.

page 72

PRONONCEZ

2 1. Je vis.
   2. J'envoie.
   3. Il y a...
   4. Tu m'appelles.
   5. Il m'apprend.

6. Tu entends ?
7. Il a faim !
8. Vous voulez.
9. Écris-le !
10. Tout m'étonne.

3 1. boire
   2. envoyé
   3. vouloir
   4. écrire

5. dire
6. lire
7. mettre
8. savoir

page 73

4 1. Dans un grand magasin
   2. Des sacs de plage
   3. De 9,99 $ à 19,99 $
   4. 30 minutes

5 1. J'ai mal
   2. avez-vous mangé
   3. du beurre

4. comme
5. du poulet
6. problèmes

Questions : 1. Des pâtes avec une sauce à la crème, du pain avec du beurre et du fromage, une mousse au chocolat, du poulet.

2. Le docteur voit deux problèmes : une allergie alimentaire et la gourmandise.

3. Il a mal au ventre et il a des taches rouges sur tout le corps.

4. Réponse libre.

6 Le garçon sort de la **cuisine** et vient **poser** l'assiette devant Suzanne. Le garçon a l'air **bizarre** et soudain Suzanne regarde son **assiette**. Elle se demande si le **poisson** qu'on lui sert est frais. Comme elle n'en est pas sûre, elle fait un **sondage**. Elle interroge les gens aux tables **voisines**. **Seize** personnes **disent** oui, **treize** disent sûrement ; **douze** disent certainement, onze disent **sans** doute, dix disent peut-être et **six** disent non. Et vous, pensez-vous que ce poisson soit **poison** ? Suzanne, elle, décide de le manger.

module 3
Hier, c'est du passé

unité 7 Et la vie, ça va ?

page 78

APPRENEZ DE NOUVEAUX MOTS

1
1. d
2. e
3. c
4. b
5. a

2
1. professeur
2. revoir
3. magasin
4. ouvrier
5. directeur

3
1. dirige
2. de la recherche
3. répondre
4. joue
5. réparé

4
1. les infos
2. un appel
3. augmenter
4. exigeant
5. être libre

page 79

OBSERVEZ ET EMPLOYEZ LES STRUCTURES

1.1
1. as
2. sommes
3. choisissent
4. se réunit
5. prenez
6. adorent
7. maigris
8. lisent

1.2
1. dois
2. voulons
3. dit
4. joue
5. s'entraînent
6. as, bois
7. écrivent
8. connais
9. partez
10. vont

1.3
1. faites
2. demandons
3. sors
4. reçoivent
5. viens
6. peut
7. exige
8. devez
9. répond
10. vois, n'es

page 80

1.4
1. célébrons
2. préférez
3. répètent
4. envoie
5. viens
6. est, part
7. étudie, a

1.5 1. Je ne travaille pas beaucoup

2. Non, nous n'aimons pas l'opéra.

3. Non, elle ne fait pas d'alpinisme.

4. Non, il n'a pas d'amis en Côte-d'Ivoire.

5. Non, il ne s'appelle pas René.

6. Non, je n'écris pas de courriels en français.

7. Non, nous ne pouvons pas faire d'acrobatie.

8. Non, ils ne dorment pas tard pendant la semaine.

2.1 1. Est-ce que tu sors ce soir?

2. Pratiques-tu un sport?

3. Où est-ce que tu vas pendant les vacances?

4. Quand es-tu né?

5. Tu viens d'où?

6. Comment viens-tu au cours?

7. Pourquoi étudies-tu le français?

8. Est-ce que tu parles plusieurs langues?

page 81

2.2 Quelques propositions:

1. Où vas-tu ce soir?

2. Quelle musique préfères-tu?

3. Pourquoi tu ne viens pas au restaurant avec nous?

4. Où es-tu né?

5. Quelle boisson préférez-vous?

6. Quel âge as-tu?

7. Où habitez-vous?

8. À quelle heure pars-tu?

3.1 1. elle   3. Nous   5. vous

2. eux   4. Moi, elle   6. elles

page 82

4.1 1. possèdent   4. prête

2. préfèrent   5. célébrerons

3. répète

5.1 1. aux   3. En   5. au

2. À   4. à, au   6. au, en

6.1 Quelques propositions:

1. Nous allons à Dakar.   4. Vous allez à l'université.

2. Patricia va à la discothèque.   5. Patricia va aux magasins.

3. Les employés vont au bureau.

page 83

6.2 1. à   5. en, en

2. En, en   6. à

3. au, en, en   7. à, au

4. en   8. Au

7.1
1. s'inquiètent
2. s'occupent
3. te brosses
4. vous moquez
5. se maquille
6. nous souvenons

8.1
1. connais
2. sais
3. savez
4. connaît
5. savons
6. connaissent

page 84

9.1
1. bonne étudiante
2. cours ennuyeux
3. jolie jupe, courte
4. gentille et aimable voisine
5. nouvel appareil photo
6. Ces petites filles sont imprudentes.

10.1
1. ses
2. Leurs
3. Mon, Nos
4. vos
5. Leurs
6. leur
7. Ma, ta, sa, notre, votre ou leur
8. ton

11.1
1. de
2. de
3. de
4. des
5. des
6. des
7. de la
8. du
9. de
10. de
11. du
12. de l'

page 85

12.1 Quelques propositions :

1. Repose-toi. Va te coucher plus tôt.
2. Pars en vacances. Ne travaille plus.
3. Prenez le temps de manger. Cuisinez de bons repas.
4. Pensez à votre santé. Buvez du thé.
5. Travaillez plus.
6. Faites plus d'effort. Travaillez plus.
7. Allez vous coucher plus tôt. Reposez-vous.
8. Soyez plus ouvert, faites plus d'effort pour être sociable.

13.1
1. cette
2. ce
3. Cet
4. Ces
5. Ce
6. cette

14.1 Quelques propositions :
1. Moi aussi j'aime étudier.
2. Moi aussi j'habite dans un pays chaud.
3. Moi non plus, je ne veux pas me marier.
4. Moi non plus, je ne lis jamais le journal.

page 86

15.1 Quelques propositions :
1. Moi non, je n'y vais jamais.
2. Moi non, je reste ici.
3. Moi si, je parle très bien anglais.
4. Moi non, j'ai quatre cours.

16.1

	Présent	Impératif	Futur avec « aller »
répondre	Tu **réponds**	(singulier) **réponds**	Tu **vas répondre**
choisir	Je **choisis**	(Nous) **choisissons**	Je **vais choisir**
sentir	Vous **sentez**	(singulier) **sens**	Vous **allez sentir**
faire	Vous **faites**	(Nous) **faisons**	Vous **allez faire**
descendre	Ils **descendent**	(Vous) **descendez**	Ils **vont descendre**
comprendre	Nous **comprenons**	(singulier) **comprends**	Nous **allons comprendre**
savoir	On **sait**	(Vous) **sachez**	On **va savoir**
connaître	Il **connaît**	(Nous) **connaissons**	Il **va connaître**
pouvoir	Je **peux**	(Vous) **pouvez**	Je **vais pouvoir**
boire	Elle **boit**	(singulier) **bois**	Elle **va boire**
mettre	Tu **mets**	(Nous) **mettons**	Tu **vas mettre**

17.1
1. est né
2. a habité
3. a étudié
4. a fait, a appris
5. a fait
6. s'est mis, a publié
7. est entré
8. a écrit

page 87

17.2
1. allons partir
2. J'ai lu
3. a lieu
4. Réponds, sonne
5. peux
6. va pleuvoir/n'allons pas pouvoir
7. Dépêche-toi
8. suis arrivé

18.1 Quelques propositions :

1. Non, il ne le lit pas.
2. Oui, ils la prennent.
3. Oui, il le prépare.
4. Non, je ne le prends pas.
5. Je l'achète à la boulangerie.
6. Non, je ne les invite pas souvent.
7. Non, je ne la visite jamais.
8. Oui, je les lis.

page 88

19.1 Quelques propositions :

1. J'en ai quatre.
2. Non, je n'y suis jamais allé.
3. Je n'en ai pas, j'ai un frère.
4. Oui, j'en viens.
5. Oui, j'y habite.
6. Non, je n'en ai pas.
7. Non, je n'en ai pas besoin.
8. Non, je n'y travaille pas. Pourquoi ?

PRONONCEZ

1
1. des héros
2. des hôtels
3. des hortensias
4. des harpies
5. des haricots
6. des hors-d'œuvre
7. des hibiscus
8. des hippopotames

2

	1	2	3	4	5	6
h aspiré *(On ne fait pas la liaison.)*		●			●	●
h muet *(On fait la liaison.)*	●		●	●		

page 89

3

	1	2	3	4	5	6	7	8	9	10
avoir									●	
boire					●					
choisir						●				
dépêcher (se)	●									
entendre		●		●						
envoyer										
être	●									●
faire			●							
pouvoir										●
rester							●			
vouloir								●		

4   1. c   3. d
       2. a   4. b

5   1. Mets   9. mes   16. mais
       2. mais   10. Mes   17. met
       3. mets   11. mes   18. Mais
       4. mes   12. mais   19. mets
       5. Mets   13. met   20. mes
       6. mais   14. mais   21. mes
       7. mes   15. met   22. mais
       8. mets

unité 8   Tous les chemins mènent à la mer

page 91

APPRENEZ DE NOUVEAUX MOTS

1   1. Nous n'avons pas pu aller en Guadeloupe.   4. Nous avons réservé nos billets d'avion pour cet été.
       2. J'ai envoyé un document en pièce jointe.   5. Pourquoi ne lui ont-elles pas écrit?
       3. La nuit dernière, j'ai mal dormi.

2   1. J'envoie des cartes postales à mes amis.
       2. Je téléphone à mes parents.

3. J'achète des souvenirs pour mes collègues, mes amis et mes parents.

4. Je paie mes factures.

page 92

3 1. lettre
   2. étudier
   3. ski

   4. exprimer
   5. se renseigner

4 1. un CV
   2. le paradis

   3. confirmation
   4. perdre

   5. cliquer
   6. en face

5 1. avons navigué
   2. forfaits
   3. paysages

   4. faire du camping
   5. monuments
   6. déguster

   7. bronzer
   8. région
   9. un feu de bois

page 93

OBSERVEZ ET APPLIQUEZ LES STRUCTURES

1.1 1. arriver
     2. partir
     3. sortir
     4. entrer

     5. aller, rester
     6. se promener
     7. naître

     8. lire
     9. retrouver
     10. se raser

1.2 1. sommes
     2. avez
     3. es
     4. ont

     5. J'ai
     6. ont
     7. a

     8. es
     9. ont
     10. est

1.3 1. Pourquoi est-ce que tu es arrivé en retard ?
     2. Où est-ce qu'il a oublié ses clés ?
     3. Où as-tu passé tes vacances ?

     4. Où avez-vous entendu les nouvelles ?
     5. Quand est-ce qu'ils ont reçu la lettre ?
     6. Comment avez-vous fait suivre ce document ?

page 94

1.4 1. avez entendu
     2. n'as pas lu
     3. n'ai pas compris

     4. n'ai pas pris
     5. ont vu

     6. a dit
     7. n'avons pas fait.

1.5

Présent	Passé composé
Nous faisons	Nous avons fait
Elle écrit	**Elle a écrit**
Vous téléphonez	Vous avez téléphoné
Ils viennent	**Ils sont venus**
Je prends	J'ai pris
Tu pars	**Tu es parti(e)**
Nous entendons	Nous avons entendu
Vous voulez	**Vous avez voulu**
Il vit	Il a vécu
Tu dois	**Tu as dû**
Ils peuvent	Ils ont pu

1.6 1. Comment est-ce que tu es venu au bureau?
2. Quand est-ce que tu es parti?
3. Pourquoi es-tu allée à Montréal?
4. Tu es resté chez toi?

5. Vous avez lu le journal?
6. Avez-vous reçu des amis chez vous?
7. Tu as déjeuné à quelle heure?
8. Quand tes parents sont-ils arrivés?

page 95

1.7 1. sont nées
2. sont partis
3. est venue

4. sont tombés
5. est rentrée

1.8 2, 6, 1, 3, 5, 4, 7

1.9 1. ont trouvé
2. s'est bien amusée
3. ont pu
4. avez reçu

5. sont descendus
6. as réussi
7. avons lu
8. ai dû

2.1 Quelques propositions:
1. Je n'entends rien.
2. Je ne les invite jamais.
3. Il n'y a personne.
4. Je ne connais personne.

5. Non, je n'entends rien.
6. Je n'y vais jamais.
7. Non, il n'y travaille plus.
8. Non, je n'ai pas de voiture.

page 96

2.2 1. Elle lit toujours le journal dans le métro.
2. Laurent joue souvent au basket.
3. Tu le dis à quelqu'un.
4. La bibliothèque est déjà fermée.

5. Béatrice va souvent à la discothèque.
6. Nous buvons quelque chose.
7. Il y a quelqu'un.
8. Elle rit toujours.

2.3 1. Non, je ne le connais pas.
2. Non, je ne l'ai pas pris.
3. Non, je ne l'utilise pas.

4. Non, je ne l'ai pas vu.
5. Non, je ne l'ai pas trouvé.

2.4 Simone: Tu n'es pas prêt?
Martin: **Si, je suis prêt.** Et toi?
Simone: **Pas moi.**
Martin: Tu ne veux pas aller au restaurant?
Simone: **Non, je ne veux pas y aller.** Et toi?
Martin: **Moi, je veux y aller.** J'ai envie de manger du poisson...

page 97

3.1 1. Oui, ils lui téléphonent souvent.
2. Oui, elle a appelé.
3. Oui, je lui parle tous les soirs.

4. Non, je ne vous ai pas écrit de lettre.
5. Oui, elle leur a demandé de sortir.
6. Non, je ne leur envoie pas de cartes postales.

3.2 1. f
2. c
3. e
4. d
5. a
6. b

4.1 Sophie: **Je suis fatiguée. J'ai envie de partir en vacances.**
Didier: Je suis d'accord. Moi aussi, je suis fatigué et j'ai besoin de vacances.
Sophie: Aujourd'hui j'ai navigué sur Internet. Regarde ces forfaits!

Didier : **Tu veux retourner à la Martinique ?**

Sophie : On peut changer un peu. Je ne veux pas passer toutes mes vacances à bronzer et à ne rien faire. **Pourquoi pas la Grèce ?**

Didier : Non, moi, je ne veux pas visiter des monuments historiques et faire des randonnées. **Et, tu sais, je n'aime pas la chaleur.**

Sophie : Bon, c'est entendu, je vais partir avec Patricia. Elle aime le tourisme, elle !

Didier : Tu me remplaces facilement non ? Eh bien, **va en Grèce. Moi, je vais à la Martinique.**

Sophie : **D'accord.**

page 98

4.2
1. Oui, je l'ai pris.
2. Non, je ne l'ai pas lu.
3. Oui, je l'ai vu.
4. Oui, ils l'ont fini.
5. Non, je ne les vois pas.

4.3
1. mes amis, mes parents, mes voisins
2. la radio
3. l'histoire
4. les devoirs
5. Madame X, la voisine, la sœur de X

4.4
1. Mets-le avant de sortir.
2. Écoute-les.
3. Ne le prends pas.
4. Classe-les.
5. Ne l'achetez pas.
6. Essaie-les.

page 100

PRONONCEZ

1
1. J'ai dit oui.
2. Vous téléphonez.
3. J'ai fini mon travail.
4. Tu parles.
5. J'écris un courriel.
6. J'ai fait ça.

2
Ma **mère** n'aime pas trop la **mer**, mais elle aime se promener le long de la plage, au mois de **mai**. Elle **met** toujours son chapeau rose, même quand il ne fait pas soleil. Mon père est le **maire** de la ville. Mes amis trouvent que j'ai de la chance. Moi, je trouve que lorsqu'on a une **mère** qui n'aime pas la **mer** et un père qui est **maire**, ce n'est pas la mer à boire.

3
1. Ça
2. sa, ça
3. sa
4. ça
5. sa
6. Ça, ça
7. ça
8. Sa
9. Ça
10. sa
11. Sa, Ça

unité 9 · Des goûts et des couleurs

page 102

APPRENEZ DE NOUVEAUX MOTS

1
1. cave
2. télévision
3. cuisine
4. garage
5. regardez

page 103

4
1. La table est en bois, en fer, en plastique.
2. Le canapé est en coton, en cuir.
3. Le vase est en verre.
4. La lampe est en plastique, en verre, en fer.

5. Le sac est en coton, en cuir, en plastique.
6. Le tapis est en laine, en soie.

7. Les rideaux sont en coton.
8. La fenêtre est en bois, en verre.

5   1. calculatrice
    2. salle de classe
    3. salle de rédaction

4. table d'examen
5. parlement
6. salle de réunion

7. réfrigérateur
8. atelier

page 104

OBSERVEZ ET EMPLOYEZ LES STRUCTURES

1.1   1. ouvres
      2. découvrons
      3. ne réponds pas, n'entends pas
      4. m'offre
      5. apprend, est

6. souffrent
7. ne comprends pas, ne veux pas
8. pouvez
9. sait

1.2   1. offrons
      2. souffre
      3. acceptez
      4. n'entends pas

5. ne réfléchit pas
6. vont
7. fais
8. lisent

1.3   1. avons offert
      2. a beaucoup souffert.
      3. avez accepté
      4. n'as pas entendu

5. n'a pas réfléchi
6. sont allés
7. as fait
8. ont lu

page 105

2.1   1. Oui, je les ai achetés à la librairie.
      2. Non, je ne l'ai pas comprise.
      3. Oui, je les ai trouvées.

4. Oui, elle l'a rangée.
5. Non, nous ne les avons pas envoyées.
6. Oui, ils les ont rendus.

2.2   1. promenés
      2. rencontré
      3. continué
      4. allés
      5. persuadés
      6. accepté
      7. raconté
      8. allés

9. perdu
10. venue
11. demandé
12. pris
13. essayées
14. grimpé
15. balancées

16. cueilli
17. mises
18. raconté
19. ri
20. ri
21. présentée
22. quittées

2.3   1. est né
      2. a été

3. a créé, a été
4. a voyagé, l'a influencé

5. a été
6. est mort

page 106

2.4   1. décidé
      2. vu
      3. photographiés
      4. acheté

5. située
6. rénovée
7. décorée
8. emménagé

9. eu
10. changés
11. dû

3.1 **Au présent:**

1. Tu les aimes?
2. Patricia en parle souvent.
3. Claire-Lise leur en écrit.
4. Comment, vous ne la regardez pas?
5. Elles y vont.
6. Nous en arrivons.

Au passé composé:

1. Vous les avez entendues?
2. Il en a demandé deux.
3. Martine en mange pour le petit-déjeuner.
4. Tu lui as téléphoné pour prendre...?
5. Pourquoi n'y est-il pas allé?
6. Elles en ont acheté au marché.

page 107

3.2 1. vous
2. y
3. l'
4. m'en
5. la
6. les

3.3 1. Oui, elle les leur a montrées.
2. Oui, je le leur prête.
3. Oui, je leur en parle.
4. Nous leur en servons.
5. Elle leur en achète un.
6. Je les lui ai donnés.

3.4 1. Je ne les ai pas changés.
2. Je ne les ai pas trouvés.
3. Je n'y suis pas allé.
4. Elle ne les a pas rendus.
5. Elles n'en sont pas revenues.
6. Elles n'y ont pas participé.

page 108

4.1 1. vif
2. sain
3. rapide
4. naïf
5. particulier
6. courageux
7. long
8. puissant
9. évident
10. habituel
11. régulier
12. poli

4.2 1. élégamment
2. profondément
3. patiemment
4. prudemment
5. précisément
6. rapidement
7. sérieusement
8. discrètement.

4.3 1. facilement
2. presque
3. vraiment
4. tard
5. bien
6. trop
7. mal
8. souvent
9. encore
10. beaucoup

page 109

4.4 1. lentement
2. vraiment
3. complètement
4. simplement
5. sérieusement
6. méchamment

5.1 Mots à rayer:
1. meilleures
2. aussi
3. aussi
4. autant
5. meilleur

5.2 Quelques suggestions:

1. La campagne est plus calme que la ville. Il y a moins de voitures à la campagne.
2. L'ordinateur est plus rapide que la machine à écrire. La machine à écrire est moins pratique.
3. Les chiens sont plus fidèles que les chats, mais les chats sont moins dépendants.

page 110

6.1 Nous **déménagions** tous les ans. Nous **aimions** acheter... puis nous la **rénovions** à notre rythme. Nous **aimions** choisir... Mireille **passait** des heures à... Il **adorait** les animaux sauvages. La cuisine, c'**était** moi qui la **refaisais**. Je **reconstruisais** les placards. Quelquefois, il **fallait** refaire le... En général, cela **prenait** de quatre à six mois et nous en **profitions** pendant quelques mois. Puis nous **vendions** et nous **recommencions**. C'**était** créatif et profitable.

6.2
1. jouaient
2. faisait
3. prenais
4. avions, venaient
5. lisait
6. achetait, connaissait

page 111

7.1
1. Nous l'avons cherchée longtemps.
2. Patrick ne me les a pas donnés.
3. Elle les a mis dans le couloir.
4. Tu as fait autant de gym que l'année dernière ?
5. Notre grand-mère nous racontait des histoires extraordinaires et nous préparait des gâteaux succulents.

PRONONCEZ

1

	1	2	3	4	5	6	7
le	●			●		●	
les		●	●		●		●

2

	1	2	3	4	5
montante	●			●	
descendante		●	●		●

page 112

3
1. se, ce
2. se
3. se, ce
4. se, ce, se
5. ce, se, ce, se
6. se, ce, se

module 4
Qui vivra verra

unité 10   « Miroir, dis-moi... »

page 116

APPRENEZ DE NOUVEAUX MOTS

1
1. naître
2. être malade
3. la joue
4. fatigué
5. la jambe

2
1. tousse
2. prend
3. me sens
4. masse
5. êtes
6. a

3   1. grands
2. minces
3. ovale

4. grosse
5. grand

page 117

4   1. i
2. d
3. e

4. g
5. h
6. a

7. c
8. f
9. b

5   1. Tu es au courant
2. se mettre en colère
3. déprimé

4. le bon vieux temps
5. le Goncourt
6. long

OBSERVEZ ET EMPLOYEZ LES STRUCTURES

1.1   Quelques suggestions :

1. e
2. c
3. g
4. b

5. h
6. f
7. a
8. d

1.2   Réponses libres.

page 118

1.3   1. Il y a
2. depuis
3. depuis

4. Ça fait
5. pendant

1.4   Réponses libres.

2.1   Réponses libres.

page 119

2.2   Réponses libres.

2.3   1. étais, jouais, faisais
2. j'ai vu, j'ai appelé
3. j'allais, habitions
4. allions, passions

5. a trouvé, avons déménagé
6. étions, a éclaté
7. étaient, partions
8. n'ai rien entendu, dormais

page 120

2.4   1. lisais
2. j'ai pris
3. est allée

4. détestais
5. faisait

2.5   Quand je **suis entré** à la bibliothèque, elle **était** déjà là. Il **était** 8 h du matin et on ne **voyait** que quelques habitués. Je me **suis approché** de sa table et je lui **ai dit** bonjour à voix basse, puis j'**ai pris** une place juste en face d'elle. Elle ne m'**a pas répondu** et elle ne m'**a pas regardé** non plus. J'**ai ouvert** mes livres et j'**ai fait** semblant d'étudier. Je l'**observais**. J'**ai remarqué** qu'elle **portait** un chemisier blanc avec un grand foulard orange. J'**ai attendu** trente minutes, toujours pas de signe. Elle ne **bougeait** pas, elle **lisait** silencieusement. Tout à coup, un jeune garçon **est entré** et il **est allé** vers elle. Il lui **a dit** bonjour. Enfin, elle **a souri**.

3.1 1. tous
     2. toute
     3. tous

     4. toute
     5. toutes

page 121

4.1 Réponses libres.

4.2 1. la plus
     2. la plus, la plus
     3. le plus
     4. la plus

     5. le plus
     6. le plus
     7. la plus
     8. le moins, le plus

page 122

4.3 Quelques suggestions :
     1. Nous, nous le commençons le plus tard possible.
     2. Moi, ce sont les leçons de géographie que je révise le plus souvent.
     3. C'est moi qui travaille le moins.
     4. Moi, je me lève le plus tôt possible.
     5. Moi, j'en achète le plus souvent possible.

4.4 1. mieux
     2. mieux
     3. le mieux

     4. mieux
     5. le mieux

4.5 1. le meilleur
     2. le plus

     3. les meilleures
     4. mieux

     5. les meilleurs
     6. mieux

4.6 1. Antoine est le plus sympathique.
     2. Hier, j'ai visité la plus vieille cathédrale de France.
     3. Cet étudiant pose toujours les meilleures questions de la classe.
     4. Le meilleur roman de l'année est *Le soleil des Scorta*.
     5. Le Nil est le plus long fleuve d'Afrique.

page 123

5.1 1. C'était une belle journée d'été.
     2. Tous les matins, il commençait à la même heure.
     3. Pendant combien de temps êtes-vous restés en Europe ?
     4. Il est arrivé au Canada il y a trois mois.
     5. Je n'ai pas pris de vacances depuis trois ans.
     6. Depuis combien de temps habitez-vous ici ?
     7. Il y a combien de mois qu'elle travaille dans cette entreprise ?
     8. Tous les matins, il commençait à la même heure.

page 124

RÉDIGEZ

2 1. d
   2. g
   3. f
   4. e

   5. b
   6. a
   7. c

PRONONCEZ

1
1. fais
2. croyais
3. ai annulé
4. ai eu
5. s'est passé
6. peux
7. dire
8. peut
9. rencontrer
10. ai
11. peux
12. envoyer
13. écrire
14. parler
15. as
16. a quitté
17. voulais
18. va
19. vois
20. dramatise
21. vais

page 125

3
1. leur
2. heure
3. leur
4. leur
5. l'heure
6. leurs, leur
7. leur
8. leurs
9. leur
10. leurs
11. leurs
12. heure

unité 11 Parlons d'avenir

page 127

APPRENEZ DE NOUVEAUX MOTS

1
1. la rentrée
2. échoué
3. institutrice
4. publique
5. enseignant

2
1. médecin
2. peintre
3. physicienne
4. historien
5. chimiste

3
1. Organisation des Nations Unies, à New York
2. Organisation internationale du travail, à Genève
3. Organisation mondiale de la santé, à Genève

page 128

4

Types d'écoles	Personnes	Activités scolaires	Objets scolaires physiques	Autres réalités scolaires
• lycée • école primaire • école secondaire	• collégien • élève • étudiant • professeur • instituteur	• passer un examen • réviser • apprendre • enseigner • étudier • échouer • donner des cours	• livres • taille-crayon • tableau	• matière • discipline • cours

5
1. suis
2. devenir
3. obtenu
4. réussis

5. étudier
6. passer
7. redoubler
8. payer

page 129

OBSERVEZ ET EMPLOYEZ LES STRUCTURES

1.1
1. serai, serai
2. retournerons, prendrons

3. j'aurai, j'irai
4. viendras, apporteras

1.2
1. partiront
2. prendront

3. aurai
4. descendras

5. donneras
6. inviterai

1.3
1. déménager, déménageront
2. vivre, vivra
3. voyager, voyagerez
4. faire, ferez

5. venir, viendrai
6. faire, ferons
7. lire, liras

page 130

1.4
1. ferai
2. ouvrira/va ouvrir
3. iront
4. aura
5. allons arriver

6. seras
7. dirai
8. viendrai
9. vais sortir
10. vont arriver

2.1 Réponses libres.

3.1
1. Elles seront de retour dans trois semaines.
2. Tu referas les mêmes exercices dans une heure.
3. Julien arrivera dans un mois.
4. Vous ferez une pause dans cinq minutes.
5. Nous partirons en vacances dans un mois.

page 131

3.2
1. en
2. dans

3. en
4. dans

5. dans
6. en, dans

4.1
1. Paul travaille dans une usine où on fabrique des bicyclettes.
2. Tu es déjà allé dans le magasin où Stella a acheté sa robe ?
3. Cet écrivain écrit des romans qui sont parfois très longs.
4. Le film que nous allons voir ce soir dure trois heures.

4.2
1. que
2. qui
3. qui
4. où

5. que
6. où
7. qui
8. qui

9. où
10. que
11. où
12. où

page 132

4.3
1. où
2. que

3. que
4. qui

5. que
6. que

7. que	10. qui	13. qui
8. qui	11. que	14. que
9. qui	12. qui	15. qui

4.4   1. où   3. que   5. qui

      2. qui   4. qui

page 133

5.1
1. Qu'est-ce que
2. Qu'est-ce que/Qui est-ce que
3. Qu'est-ce qui
4. Qui est-ce que
5. Qu'est-ce qui/Qui est-ce qui
6. Qu'est-ce que
7. Qu'est-ce que
8. Qui est-ce qui

5.2
1. Qui est-ce qui a trouvé la réponse?
2. Qu'est-ce qu'il a dit?
3. Qu'est-ce que tu as fait?
4. Qui est-ce qui parle au téléphone?
5. Qui est-ce qui te l'a donné?
6. Qui est-ce que tu veux voir?
7. Qu'est-ce que tu prends?
8. Qu'est-ce que tu me conseilles?
9. Qui est-ce qui se marie?
10. Qu'est-ce que vous mangez?

page 134

6.1   Réponses libres.

6.2   Réponses possibles:

     1. Je voulais t'inviter au restaurant, mais je n'avais que peu d'argent.

     2. Il est au régime, il mange seulement des légumes.

     3. Maintenant que vous avez 18 ans, pour votre anniversaire, vous n'aurez qu'un gâteau.

     4. J'aimerais bien t'aider, mais je n'ai que cinq minutes.

     5. Mesdames, messieurs, achetez nos produits à seulement cinq dollars.

     6. Avec le café vous désirez autre chose? Non, nous voulons seulement du café.

7.1

	Présent	**Passé composé**	**Imparfait**
1. découvrir	Nous **découvrons**	J'ai **découvert**	Vous **découvriez**
2. répondre	Nous **répondons**	J'ai **répondu**	Vous **répondiez**
3. finir	Nous **finissons**	J'ai **fini**	Vous **finissiez**
4. sortir	Nous **sortons**	Je **suis sorti**	Vous **sortiez**
5. partir	Nous **partons**	Je **suis parti**	Vous **partiez**
6. descendre	Nous **descendons**	Je **suis descendu**	Vous **descendiez**
7. aller	Nous **allons**	Je **suis allé**	Vous **alliez**
8. prendre	Nous **prenons**	J'ai **pris**	Vous **preniez**

page 135

7.2
1. va fermer
2. resteras
3. serai, ferai
4. va pleuvoir
5. n'allez pas partir
6. irons
7. va commencer
8. enverras, vas envoyer

page 136

PRONONCEZ

1 1. Elle téléphone à l'agence parce qu'elle est malade et qu'elle ne peut pas partir en voyage.
   2. Oui, il accepte de changer la date si elle a un certificat médical.
   3. La voyageuse est satisfaite.
   4. À la fin de la conversation, la voyageuse est fâchée. Elle demande à parler au patron.

page 137

2 1. ta, la
   2. ta
   3. l'a
   4. l'a, la

   5. là, l'a
   6. m'a, ma
   7. sa, ça
   8. Ça

   9. là
   10. où
   11. ou
   12. la, l'a

unité 12 Consommer ou ne pas consommer?

page 138

APPRENEZ LES NOUVEAUX MOTS

1 1. chaussettes
   2. avoir
   3. aller-retour

   4. publicité
   5. originalité

2 Réponses libres.

3 1. une chambre
   2. douche
   3. la rue

   4. complets
   5. étage

page 139

4 1. son pyjama
   2. un short et un T-shirt
   3. leur manteau d'hiver et des bottes

   4. mon imperméable et mon parapluie
   5. une jupe ou une robe

5 1. comme d'habitude
   2. harceler
   3. accrocheur

   4. international
   5. pour l'instant

OBSERVEZ ET EMPLOYEZ LES STRUCTURES

1.1 1. vient d'arriver
     2. vient de finir
     3. viennent de finir

     4. viens d'écouter
     5. venons de prendre
     6. venez d'envoyer

page 140

2.1 1. es en train de regarder
     2. est en train d'écrire
     3. sommes en train de déjeuner
     4. sont en train de faire

     5. sont en train de visiter
     6. êtes en train de vous préparer
     7. suis en train de découvrir

2.2 1. sommes en train de mettre, allons sortir

2. vient de réserver, va partir

3. viens de faire, je suis en train d'appeler, vais partir

4. vient de prendre, est en train de s'habiller

5. venez d'arriver, est en train de se préparer, va commencer

6. vient d'interviewer, est en train d'écrire, va le publier

page 141

2.3 1. Les étudiants viennent de rentrer dans la classe. Ils sont en train d'écouter le prof.

2. Paul vient de sortir de chez lui. Il est en train de faire les courses.

3. Les enfants viennent d'arriver à l'école. Ils sont en train d'enlever leur manteau.

4. Je suis en train de promener le chien. Je te rappelle à mon retour.

5. Mélanie vient de finir ses devoirs. Elle est en train de jouer du piano.

6. Ne me dérange pas, je suis en train de lire.

3.1

1. alors	6. parce qu'	11. c'est pourquoi
2. donc	7. Grâce à	12. parce qu'
3. grâce à	8. donc	13. Puisque
4. à cause du	9. c'est pourquoi	14. parce que
5. Comme	10. afin de	15. pour

page 142

3.2 Réponses libres.

3.3 Réponses libres.

4.1

1. à	3. à	5. de
2. de	4. de	6. de

page 143

4.2 Réponses libres.

5.1

1. aimerais	4. proposeraient	7. pratiquerais
2. interpréterais	5. remplirait	8. aurais
3. ferais	6. pleurerait	9. serait

5.2

1. aimerions	3. devraient	5. souhaiterais
2. voudrait	4. voudrais	6. pourriez

page 144

5.3 Réponses libres.

5.4 Réponses libres.

5.5

1. vous réveillez	5. pourras
2. serait	6. partait
3. remplace	7. Parlez
4. viendrai	8. plaisent

page 145

6.1
1. marchions
2. faisait
3. commençait
4. s'est arrêtée
5. étaient
6. ne pouvions pas
7. se trouvait
8. a baissé

9. a demandé
10. était
11. avait
12. avons proposé
13. sommes montés
14. avons vu
15. portait
16. semblait

6.2 Réponses libres.

6.3
1. vais avoir, J'aurai
2. allez écrire
3. ne vas pas venir, ne viendras pas
4. irai

5. obtiendras, vas obtenir
6. serons, allons être
7. se couchera
8. va t'intéresser

page 146

6.4
1. Tu pourrais faire un effort et parler français avec tes enfants.
2. Nous venons d'acheter cette maison, qui nous plaît beaucoup.
3. Vous allez beaucoup aimer cette excursion en bateau sur le Saint-Laurent.
4. Amar voudrait participer au débat sur l'influence néfaste de la publicité.
5. Les photographes étaient sur place quand le spectacle a commencé.

page 147

PRONONCEZ

1
1. nom
2. verbe
3. verbe et nom
4. verbe
5. verbe

6. nom
7. nom
8. verbe
9. verbe
10. nom

2
1. imparfait
2. conditionnel
3. futur simple

4. imparfait
5. conditionnel
6. futur simple

7. conditionnel
8. passé composé
9. passé récent

3
1. d
2. b
3. c
4. e

5. f
6. g
7. a
8. h

page 148

4 vers, Vers, verts, verre, Vers, verts